薩

兒童青少年本尊與分身

中的

......裡的陰影、茫然、

怖

陳瑞君、吳念儒
王盈彬、魏與晟
王明智、陳建佑
蔡榮裕／合著

【薩所羅蘭的山】
陳瑞君、王明智、許薰月、劉玉文、魏與晟、陳建佑、
劉又銘、謝朝唐、王盈彬、黃守宏、蔡榮裕

【薩所羅蘭的風】
（年輕協力者）
李宛蓁、魏家璿、白芮瑜、蔡宛濃、曾薏宸、彭明雅、
王慈襄、張博健、劉士銘

陳瑞君：

　　應該就是以彼得潘的意象出發，談論長大的議題，搭配自己接案的經驗為聚焦點。要儘早習得比他人更厲害的東西，是否最原始厲害的是，比其它小孩會早走路，會說話，會早點適應大人的作息？這些都是值得炫耀的成長？大人是多麼希望嬰孩可以快點長大？當它的孤獨，隨著時間過去，它仍躲在那裡不被注意，但它卻可能是最原始的國王，為了不被他人發現那個原始欲望心理，它在當年玩著捉迷藏時躲得太好了，一直未被找到，後來甚至自己也忘了那個原始欲望了，其他人都散去了，獨留它隨著時間身體肌肉都改變了，後來走出來，它卻只能孤獨的走在街頭，每一步都有著要把自己再躲起來的模樣，看起來好像鬼鬼祟祟……

吳念儒：

　　我提取的素材方向，會用皇后合唱團的歌曲和波西米亞狂想曲的電影，一些流行歌的歌詞貫穿，過渡空間的概念。我會涉及一些遊戲的意義和錯覺幻滅的事情。波西米亞和文明的交戰與交易，如果從文明的愛裡原我的不滿，或父母的愛裡，摻雜著如何讓嬰孩符合大人作息的爭戰？易被外化成是夫妻或男女的意識型態的爭議，但本質是如何讓嬰孩適應大人的世

界？這也是後來相當流行，且被深化的「不要輸在起跑點」的心理基礎。隨著嬰兒到青少年，肌肉和生理變化帶來的資源，人會如運用這些資源或客體，包括自己的其它部分和他人？

王盈彬：

我的主題就可能聚焦在，我常常會在臨床上聽到爸媽講述他們的特殊小孩，我試著讓想像的小孩說話，讓大人想像接近的方向，和共存的想像……為什麼小孩想當貓咪，或隔壁女孩家的小狗？而很少小孩說，想當媽媽的乳房或爸爸的陽具呢？那意味著潛在想像客體，不是只有當父母而已，雖然客體是父母或乳房，或佛洛伊德談陽具欽羨，但是小孩真正想像客體是什麼？可能其它的想像，例如自己是貓咪的分身或再現？

魏與晟：

我會以兩小段當紅動漫的片段，來看青少年如何想像「活起來」跟「死去」。如果活起來的是孤獨，而死去的卻是本尊，目前大都只能在父母的角度，來看孩子的double分身是什麼？以人間條件來說，日常生活如果有一項的元素，是被歸類在「覺得孤獨」，而且它變成具有自主性的主體，活下去就是了孤獨？

這個分身和溫尼科特所派遣出來的那個孤獨，如果相遇，它們會發生什麼事呢？如何寒暄，如何一起聊天，如何在後來互道再見呢？

王明智：

我有點子了，小說是青少年文學經典，最近有電影要上映，導演是歐容《在我墳上起舞》，我的主題回聚焦於朋友對青少年成長的意義，還有青少年發展的過渡狀態。失落裡會帶來多少心碎的經驗，引來破碎的人生裡，如何活著和活下去的經驗？就算是快樂的家庭，仍是難以避免嬰兒的內心世界裡，有著出生後就自行成長的心理世界，而這些被愛和文明遮掩的心理世界，是被拋棄的世界，如同捉迷藏躲得太好，而一直未被找到的心聲。

陳建佑：

我可能拿前陣子的韓劇《神經病也沒有關係》裡頭，女主角身為繪本作家的作品，最近在真實世界出版的繪本，來討論我／非我、對於母親的認同、淚水與分離。潛意識是具體的名詞時，它是否有系統如家庭結構或如語言的結構？或者像身體般有著不同系統器官，或者更有創意來想像潛意識裡的系統？因為目前來說某些想法都是共存，但是以它們什麼方式，什

麼系統，什麼原則來共存？

蔡榮裕：

　　會以詹姆士迪恩的電影《養子不教誰之過》做為對話。整體上，我無意只沈浸在叛逆的主題，這已老套的說詞。兒童青少年和大人如何在各自的孤獨裡，成全自己和他人？某種程度像是失敗者的美學，因為案例都是失敗者，找我們來讓失敗裡也有美學和想像？不是以我們知道如何成功，而是我們如何消化失敗，失敗對他們來說，是大馬路，不是夾縫，他們一路走來。我們不是要拯救失敗，而是看著失敗時不氣餒，還能描繪它有著隱隱希望的美學。也許要做到這樣，是需要佛洛伊德在《論幽默》裡說的幽默的態度。

對某些兒童青少年來說，要接受人是從小長大這件歷史事實，是一件讓人很不安的事。雖然也有人說，他們不想要長大，或者說長大以後要當貓咪，意思是當人不好玩嗎？還有比當人還好玩的嗎？顯然有的，我們無法否認的確不少小孩，以後立志要當隔壁鄰居小女孩家的狗，不想要當那可愛小女孩的男朋友。

還有人在創傷心碎裡走了過來，沿路邊走邊掉落傷心破碎的自己，或者還好有個可以在心裡說話的人，或那是來自遙遠地方的一隻鳥。只要他活了過來，他就會想知道，這個世界是怎麼回事？好像突然醒了過來，想要從這個世界討點什麼，做孤獨人生的伴手。

我們是被他們討債的人，雖然我們先前和他們不曾見過面，但是這不是問題，就算是初次見面，也會是一輩子前就曾遇過的影子，或空洞裡那張壁畫上熟悉的斑痕，我們是那影子，也可能是那斑痕。我們被期待，要替他們擔負起所有的責任，為什麼我爸媽那樣待我？難道他們真的不愛我嗎？但是我那麼愛他

們，雖然他們在我心裡已經死過很多次了，但那是那隻貓說的，我好想他們。

我們就這樣，要開始今天《兒童青少年心理工作坊》，「掉在地上的一滴淚水，留下了誰的陰影、腳印和茫然？」歡迎各位，在天冷裡，仍把自己送來這裡，和我們一起想像，什麼是兒童？什麼是青少年？或者什麼是我們更在意的psychoanalytic baby？

我們一直在尋找他，因為他如同溫尼科特說過的故事，他的受苦在捉迷藏的遊戲裡，躲得太嚴密了，其他人都找不到他，朋友和自己都散去了，他還在躲藏，直到被你們發現，把他帶來這裡，他孤單太久了還很驚恐，我們就小心的談談他……

陳瑞君以優美筆觸探索了「成全」的概念：「需要說明的是，當孤獨的課題如此描述時，就意味著無法享受和無法忍受孤獨的課題，是一個深遠而安靜的課題。如果是源於早年的經驗裡，無法有可靠的客體提供一個場域，讓嬰孩經驗到在重要他人的眼裡能夠享有獨處的安在，這是內心世界裡自發性的領域，當嬰孩能在與人的關係中仍能發展及享受來自於自己原始的自發性，多過於需要時時去回應外在的需要時，這樣的孤獨才有其中心思想並非在外在現實上能找個客體或任務導向就能取代的，或就可以免除空洞駭人的孤獨感。解決的方式需要在內心裡處理，可靠客體

的逐步建構亦是需要時間的，重要他人的重要性有時並不在於汲汲營營的一定要提供什麼，我感受到最大的誠意是來自於這位重要他人，這個客體的願意『成全』，一種對嬰兒的成人之美。」（取自：陳瑞君，活在身體軀殼裡的垂死靈魂——自傷成癮，《癮：是心理創傷的答案或謎題？》，無境文化。）

就以這做為我們今天工作坊的開場，接下來，我的朋友們以盛宴的心情來款待各位。

不想vs不能長大：彼得潘吞下多少淚水，灌溉假我的影子成形

陳瑞君

> 現在與過往的時間
> 也許都存在於未來的時間裡，
> 過去也包含了未來，
> 如果全部時間永遠存在，
> 全部時間就再也都無法挽回。
> ～艾略特（T.S. ELIot）

我們今天這一堂要談「長大」，這個充滿時間感及流動感的詞，現在、過去、未來，長大或發展，可以只是看作是時間軸上線性走向，但長大，是否也代表著「童年」即將會不聽使喚的往前走……

今天〈不想v.s不能長大：彼得潘吞下多少淚水，灌溉假我的影子成形〉是我的題目，而今天這個題目，不是我想出來的，而是真真實實的就是來自於一個4歲大的小孩個案，他在其中一次治療即將結束的場景時說：「我想要像彼得潘一樣，不要長大」，這是他那次治療的結語，很無奈，時間到，我無法再追

問，就像是長大一樣，有時候，很無奈，人就是會隨著時日長大。

「我不想長大」，可能是某些兒童對童年的效忠喊話，可惜人永遠拒絕不了客觀的長大，就像是人拒絕不了總有一天要跟客體分離一樣，斷奶式的成長總帶來不少成長上的感慨與失落。有過童年的人心底都曾住著一個彼得潘，可是他最終會在我們成長的過程中被逐漸遺忘，但不論我們長多大，在我們心中他依然停在那個時間軸裡沒有長大。《彼得潘》體現了每個人成長的無奈和人生的必然，也終需揮別人生的每一次斷奶。

彼得潘的故事大綱：

小飛俠彼得潘晚上出現在倫敦肯辛頓區，在窗外聽達令太太（Mrs. Darling）講睡前故事。

有一天晚上，他被人發現了，他就趕緊逃跑，但他卻因此遺落了影子。後來他回來找影子時，吵醒了達令太太的女兒，溫蒂。溫蒂幫他把影子重新縫上。這個過程，彼得潘發現溫蒂好像知道很多故事，於是邀請溫蒂到夢幻島，要她來做他們這一群迷失的男孩的母親。他們都是在肯辛頓公園走失的兒童。溫蒂答應了，帶著她的兩個弟弟，約翰和麥可一起跟著彼得潘前往了夢幻島。

前往夢幻島的途中，不是個容易的過程，他們充滿魔幻色彩的飛行過程，遭遇到了許多兇險。兒童們被大炮從空中打落，那是小仙子叮叮的陷害，使得溫蒂差點被一個男孩殺死。之後彼得潘和他的朋友們，為溫蒂建了一棟小房子，讓她住在裡面養傷，而他們姊弟三人很快適應了在夢幻島的生活。

　　彼得潘邀請溫蒂去他家，溫蒂也馬上習慣了擔任母職的角色。彼得潘帶著溫蒂姊弟三人，經歷很多次的冒險行動，首先。他們遇到的危險是，發生在美人魚的礁湖。在那裡，彼得潘和迷失的男孩勇敢救了蓮花公主，卻無意中捲入了和海盜的戰爭。他們的敵人中就是有惡魔之稱的虎克船長。

　　虎克船長弄傷了彼得潘。彼得潘讓溫蒂搭乘著風箏逃走了，自己卻只能無力地躺在正漲潮時的岩石上。他心想確定自己就要死了，但他認為死亡本身就是，一趟偉大的人生冒險。但是幸運還要有跟著來，一隻鳥把自己的巢，慷慨借給彼得潘當作小船，他終於回到了家。彼得潘因為無意中救了蓮花公主，他得到了印第安族人的幫助，他們自動來彼得潘的家當守衛，抵抗下一次的海盜襲擊。

　　後來，彼得潘在前往虎克船長的船途中，看到了一隻會發出鐘錶聲那般滴滴答答響的鱷魚，他決定自己也學著鱷魚發出這種聲音，這樣子在路上就不會被

野獸襲擊了。但是他上船的時候，卻忘記了停止發出這種鐘錶聲，海盜們以為是鱷魚來了。海盜們在船上搜尋鱷魚的時候，彼得潘冒險潛入船艙裡，偷到了鑰匙，並且釋放了大家。當海盜察覺了船艙裡的聲音而前來探查時，彼得潘就殺死他們。

最後，彼得潘輕易打敗了虎克船長，讓他掉進了鱷魚的嘴巴裡，並救出了所有被綁架的人。他們乘著船，回到了倫敦。

但為了讓心碎的母親不再傷心，溫蒂決定要回家了，她想要將所有的遺失男孩也帶回倫敦。在溫蒂和她的弟弟回到家前，彼得潘飛在他們前面，想把窗子關上，以為這樣溫蒂就會認為她的母親已經忘記她了。然而，當看到溫蒂的母親為了溫蒂而真的傷心時，他痛苦的飛走了，留下了一扇開著的門。不久後，他又再度回來，見了溫蒂的母親。

她同意收養那些遺失男孩。她希望也收養彼得潘，但是彼得潘卻拒絕了。他怕他們會抓住他，並且把他變成一個大人。但彼得潘承諾，每年春天，會為了溫蒂而回來倫敦。

最後，溫蒂望著窗外，對空中說，你不會忘記為我而回來吧，彼得潘。請千萬，千萬絕對不要忘記。他承諾，每年此時都會回來找她，聽她說他的故事，直到某一年，當溫蒂說他的故事時，彼得潘居然問

她，叮叮是誰，溫蒂驚訝，他居然忘了小仙子叮叮，她告訴他叮叮的事，但彼得潘卻只皺了皺眉說：實在太多了，生命也都很短暫，我記不起來。

到了後來，彼得潘有時記得回去，有時忘記。溫蒂一年年長大，而彼得潘完全沒變，某次後，彼得潘便再也沒有出現過了。但溫蒂仍然述說著彼得潘的故事，故事就這樣一代一代傳承下去了。

故事整理一下：彼得潘是個冒險犯難、活力充沛的英雄人物，而夢幻島是個冒險樂園，在那裡的每個人都不會長大，可以無止境的活在童年當中，夢幻島（Neverland）的確像夢，沒有時間流，留住了小兒童幻想的童年，在這裡沒有大人的干擾。溫蒂像是彼得潘心中那個可以代表媽媽形象的人。幾年高潮迭起的日子過去，溫蒂突然想起了自己的媽媽，帶著弟想回家，媽媽同意收養那群迷失的男孩，雖然有愛、有家、有溫暖，但彼得潘卻肯定的拒絕了Darling的邀請，因為他不要長大。

不想長大的芽芽

再來，一件其實並不是那麼少聽到的故事，我們進入了另一個4歲小女孩芽芽的簡單故事輪廓（並非單一個案的內容，而是綜合其它常見案例的描繪。），原先她與爸爸媽媽在外國居住，和樂而美好，爸爸雖

工作忙碌，但媽媽則全職照顧著她的生活起居。她不知道爲什麼，爸媽吵架次數增加，並且爸媽在半年後離異，芽芽便全家搬回台灣，離婚的事，爸爸對芽芽的解釋是，因爲爸爸媽媽沒有愛了，所以沒有辦法繼續再一起下去，但都還是會繼續愛妳。芽芽是跟著爸爸，還有爺奶居住的，此外，還多了一個爸爸的女友阿姨不久後也一起住進來，在父母離婚的半年後，爸爸與新媽媽結婚了。芽芽的親生媽媽則在外縣市居住，芽芽與媽媽固定一個月能見兩次面。

芽芽抵抗所有爸爸的安排，鋼琴課、舞蹈課、畫畫課，芽芽都大鬧天宮，老師不得不請爸爸帶回。芽芽挫折所有爸爸的安排，芽芽的情緒在生活上變得不太穩定，常因起床睡覺穿衣等日常細故就情緒暴走，爸爸時而理性好言安撫，也時而被挑起情緒而打她屁股，爸爸在繁忙的公務下，對不穩定的芽芽也愈來愈失去耐心，覺得她不聽話，以前可以的事情現在沒有一件事情可以了，他感覺失去了從前的她，爸爸憤怒而憂傷，眼見小班的開學日迫近，若芽芽還繼續這樣，上不了學，那該怎麼辦？

場景一、聞哭聲，置若罔聞的沉默

芽芽拿出有三代家庭人偶一字排開，她說爺奶父

母兄姊嬰兒7人說都在睡覺，這個同樣的場景已經重覆了第四週。她宣布著，全家都死了，只有嬰兒活著。全部的傢俱都被弄得很零亂，妳特地交待治療師不能動，妳只讓治療師目睹，好似只能讓治療師扮演一個沒有功能，也有如死亡般的大人。治療師說，只剩嬰兒了，他沒有人照顧。妳繼續弄亂傢俱，輕輕的帶著一句，不准有人照顧，假裝妳是他，要哭、要說救命啊！治療師開始幫嬰兒哭、不斷的對外求救，但似乎結局是被世界拋下了，置若罔聞的沉默。

治療師心想，是否兒童的創傷找不到語言，所幸最直接的方式就是讓治療師目睹、置入性的進入角色，治療師得拋卻所有個人或一般人忍不住想要做的，不能整理、不能餵食、不能安撫，哭！一直哭，求救，被拋棄！兒童僅存的溝通方式，就是強制的讓治療師被推入一個被動的角色裡承受，承受那些在小孩世界裡找不到該怎麼說的語言。

費倫齊（Ferenczi）指出，從治療的角度來看，這種創傷情境的再現本身並不具有療效，但是，它是進入思考過程中不可或缺的步驟。因而，必須有另一個人能夠在精神上托管這些無法表徵的狀態，並幫助它在思考上的轉變，而不強迫扭曲或否定它們。若回到彼得潘的故事中，或許溫蒂媽媽的所為，也像是一個治療師的角色般托管兒童的經驗。

達令太太第一次聽到彼得潘的名字，是在清理孩子思緒的時候，她是一個會為孩子整理「心思」的人。每一個好媽媽都會在每天晚上孩子入睡以後，會仔細搜查孩子的腦袋，為明天早上做好準備，把白天漫遊到不知哪裡去的許多東西整理歸位。如果孩子能夠保持清醒，就會看到自己的媽媽在做這件事，而且會覺得看她做這件事非常有趣。這很像是整理抽屜。達令太太偶爾漫步在兒童們的心思裡時，發現那裡有些東西她不能理解，最叫她莫名其妙的，就是彼得潘這個名字。她不認得這麼個人，可是在約翰和麥克的心思裡，到處都是這個名字；溫蒂的心思裡，更是塞滿了它。

　　我想你會看到她跪在地上，抱著趣味的心情，對著某些你腦袋裡的內容推敲琢磨，納悶你究竟是在什麼地方學到這件事的，她會發現一些美好的事和一些不那麼美好的事，一下子像看到可愛的小貓那樣抱著這個思緒貼在臉頰上，一下子又趕忙把那個思緒藏到看不見的地方。早上你醒來的時候，昨晚上床時的調皮搗蛋和不好的情緒都已經被摺得小小的，放在腦袋的最底層；而攤在最上面漂漂亮亮晾著的，是比較美麗的想法，準備好等著你套上。

　　我不知道你有沒有看過一個人的心智圖。醫生有時候會畫出你身體其他部位的圖，看自己的圖實在是

有趣極了，但要是你看過醫生試著畫出一個孩子的心智圖，你會發現這張地圖不僅讓人看不懂，還一直變來變去。上面有彎彎曲曲的線條，就像記錄體溫的卡片，尤其是每樣東西都動來動去的，不肯靜止下來。

　　一開始達令太太不認識彼得潘，可是她回憶起童年的時候，就想起了他。據說，他和仙子們住在一起。關於他，故事多著呢；比如說，兒童們死了，在黃泉路上，他陪著他們走一段，免得他們害怕。當時達令太太是相信的，可是現下她結了婚，懂事了，就很有點懷疑，是不是真有這樣一個人。或許在每個人長大的過程中，心裡都曾住有一個不曾長大的彼得潘。

　　我們上面曾說過，在故事中彼得潘雖然是個冒險犯難、打擊犯罪的頭號英雄人物，但對比於溫蒂姊弟，彼得潘似乎總是活在千鈞一髮當中，那種心裡的擾動逃避著某些不安的壓迫，某個層面來說，彼得潘在夢幻島一點也不夢幻，因為他是被大家所期許，當一個具有強大功能性的大人，他自己也想當大人，但是他卻不想跟其他人一樣，離開島上追求真正的長大，彼得潘卻選擇在夢幻島內當個如同大人般的「孩子王」，他以成人之姿照顧年幼的自己及他人。

　　冒險犯難的生活使他無法獨處、看來也無法對人產生依賴，當然，他也沒有辦法將自己交給誰「託

管」，他斷然的拒絕了達令太太的收養，似乎即使有機會，他也無法像溫蒂姊弟般，願意將自己的心思交給媽媽認識、解讀及託管。那麼他能將自己交付給誰？他給了重複性的冒險，但是是一種在控制之內的，就像是在夢幻島內的冒險，但是他不曾考慮回到人間去冒長大的險、親情的險、愛慾的險，他只要選擇不要長大，他就永遠都是在安全的範圍內當孩子王，就沒有所謂的愛慾、手足競爭、親情八點檔等問題需要煩惱。

故事中最後描述到達令太太希望也收養彼得潘，但是彼得潘拒絕了。因為他說，他怕他們會「抓住他並且把他變成一個大人」（catch him and make him a man）。這種被擾住、入侵一個人的意志，被強迫長大的恐懼，也成了長大的困難之一，如果兒童幻想母親會控制他的身體，那麼會不會就如同Adam Phillips《恐懼與專家》一書中提到的「使某些無法符合疾病標準的身心症狀存在於隱私的矛盾區域：人的某一部分無法被外界闖入，但可以與需要的人維持聯繫。我認為這符合兒童的某種中心矛盾：一個夠好的環境，只有在進入危險之後才能建立。一個像濕疹一樣的身心症狀，測試著身體和家庭的凝聚力，皮膚是冒風險的地方。兒童在成長的時候，時常會測試周遭的環境，在安齊歐（Anzieu）形容的皮膚自我（skin ego）有如在測試自己的皮膚和家庭，以尋求彈性和可滲透性。」（中譯本，頁85，究竟出版社。）

　　溫尼考特（Winnicott）也說，兒童了解他憤怒的全貌是件健康的事情，如果一名嬰兒氣得大哭，而覺得自己破壞了一切和所有的人，但周遭的人可以穩如泰山，這種經驗會大大強化了他原以爲的事情，並不一定是真的的能力。換句話說，身爲治療師及父母的倖存能力，有助於接收那個源自於嬰兒自認爲的「攻擊」行動爲真，但父母心知肚明的自行能夠消化及理解攻擊的意義爲假，這或許也有如我自曾學過的統計考驗法當中的否證邏輯，若總是能將心中所思所想的主張，當成是對立假設，兒童在心裡則握有對關係的虛無假設，但是即使孩子不論用盡何種方式來驗證，若結果都無法推翻所謂父母就是會安然臨在的顯著水準，那麼或許孩子能感受到自己不論怎麼樣的錯誤立論，安全範圍是禁得起被考驗的。

　　在假設考驗當中，我們通常會希望能證明是錯的立論是虛無假設，期望發生的立論是對立假設，或許源自孩子每一次的證明、每一把的推開、每一次的出走、每一彈的反應，或許都是追尋的是，在這種冒險中能夠發現到真正的安全，然後這個安全是他親身涉足、授予認可的，所以人能夠將自己交付到這個關係當中來，而非在無法觸及的完美安全區中就能將自己

給交付出來。

　　大多數的人會不自覺的將這個過程放到治療關係中，他們從來恐懼的並不是不安全這件事，人與人之間的關係有手足無措的本質，但是否，他們擔憂的是：當他變得不安全的時候，這個關係還是安全的嗎？有一句玩笑話是這麼說的：「媽媽熬的不是夜，是自由。」那麼，成長「長」的是什麼？或許這也與佛洛依德理念中的「自由」、也與溫尼考特的「孤獨」的能力、更與比昂（Bion）的「負向／無為」的能力（negative capacity），這些成長的大拼盤有關。

場景二、歌舞昇平的P國，劫後餘生的台灣

　　芽芽用了兩張桌子，一張桌子上排出了只有嬰兒獨活，其他家人都死了的台灣家庭，家中室內有如劫後餘生的混亂，她讓治療師顧著殘破的台灣家園。另一張桌子，她說那就是P國（就是父母還在婚姻關係中，帶著她一起居住的國家），她排出小動物們白天雙雙成對散步吃草的場景，一點也沒有孤單的氣質，環境明亮有序，夜晚則是歌舞昇平的說是在開音樂會，芽芽說她要在這個安和樂利的P國，嘴裡哼著歌，

並且叫治療師就只能待在台灣（桌），並且繼續幫獨活的嬰兒無助的哭泣，命令治療師不能過來，只能哭。

　　芽芽是將精神現實中，回台灣後被遺棄及劫後餘生的感覺，讓位給治療師承擔，要治療師只能繼承著這悲傷的命運，但嬰兒再也不屬於那遙遠而美好的P國。這種沉重感，似乎現實上在回到台灣的生活中不斷延伸，是否在芽芽的心裡，有如也還在目睹著爸爸跟新媽媽雙雙日以繼夜的歌舞昇平，自己仍是再度是被遺棄的那一個，並且在三角關係中再也無法進入爸爸的生活裡了。

　　治療師試著對此場景進行一點詮釋，試圖讓個案知道，治療師知道那種被放在外面的感覺讓人傷心又生氣，常常有一種找不到以前的爸爸，更找不到媽媽的感覺。芽芽有點不服的回說，哪有好不好，現在這樣跟爺爺奶奶也很好。接著，芽芽便抓起治療師桌上這邊的一個小人偶，走到廁所，開了門，把小人偶隨意的棄置在廁所的地板上，關門。治療師見狀，說「妳在生氣我這麼說。」，知道或許在詮釋的進展上跑了太多步，對芽芽而言，還無法處理這需要遮掩的痛苦。

Hoffman（2007, Do Children Get Better when we Interpret their Defenses against Painful

Feelings?）的文章中指出「防衛痛苦情感的詮釋」是一種接近經驗的介入方法（experience-near intervention）是概念、澄清和解釋的融合。要處理兒童不愉快情感的防衛時，分析師不能偏離表面太遠，不應該違反臨床的資料，而是盡可能接近經驗（experience-near）。若分析師理解兒童如何隱藏對他或她自己的情感痛苦（有意識或無意識地將不好的感覺排除在意識之外，避免直接的語言表達，或否認痛苦的感覺狀態），分析師需要辨別防衛的方法。當分析師了解兒童如何保護自己免於太過遭受痛苦的感覺時，分析師可以試著用語言或非語言的方式向兒童傳達這種理解。兒童感到被人理解，因此治療同盟和分析過程得以開展。

對兒童的防衛進行探索，並最終以一種謹慎、尊重和發展適當的方式向兒童詮釋。理想情況下，探索兒童用來掩蓋情感痛苦的防衛機制，會讓兒童感到不那麼受痛苦感覺狀態的威脅。此外，Hoffman認為不要過度的關注，兒童潛意識的性慾或攻擊性的願望，或者病人還完全沒有意識到的自己的防衛之前，就開展詮釋的工作。從治療工作的一開始，治療師首先要試圖理解，然後明智地探索，並在最終描述兒童當前的精神狀態——根據對兒童正在經歷情感痛苦的防衛。盡可能的不要直接的用語言探索壓倒性狀態

（overwhelming states）的起源，如此一來，兒童就可以更好地掌握情感和減少不適應防衛。

另外，上面的遊戲片段中，顯示芽芽想要對失序的家庭變動，保有一種全能（omnipotence）的感受——例如，即使是面對著台灣那毀滅的家園及哀嚎的嬰兒，她是活在那個時序清楚、安詳和樂、雙雙對對、開音樂會的P國，並以此作爲對孤單和悲傷命運的防衛。

溫尼考特（1968）在非行行爲是一種希望的象徵（delinquency as a sign of hope）一文中，指出治療過程中，沒有道德問題。治療過程不是一個調查委員會，做治療工作的人並不關心客觀事實，但非常明確地關心病人感覺眞實的東西。病人現在正在經歷的事情，在他過去的某一點上是眞實的，如果分析師允許自己進入被分配的角色中，但如果能做到這一點，就會有豐厚的回饋。然而，這項工作不容易完成，但必須被接受和容忍。作爲心理治療師，不需要聰明，所需要的是願意在特定的時間內，參與在孩子當時的任何活動中，或者透過潛意識的合作，這種合作很快就會發展並產生一個強大且有價值的過程。

場景三、長大是失樂園,她要重回夢幻島樂園

在一次晤談的最後,芽芽說「她要像彼得潘一樣不要長大!」,她不像溫蒂,倒是成了彼得潘的盟友,「我不想長大」,彼得潘對達令太太的拒絕,彼得潘的確是幫忙小孩留住了幻想的國度。這也讓我想到有些人,是否是經過拒絕,才能找回那一點點的自己,而另一種則是什麼都說好、順從的人,則是在心裡並不想要或沒有被辨識,順從是一種阻礙他人認識自己的方法。在此,我們可以從Winnicott的說法中,思考一下,什麼是自我?人又是透過什麼方式來發現自己的?他在《Playiing and Reality》(遊戲與現實)一書裡說「母親的臉是鏡子的前身」,又說孩子是從媽媽的臉上,後來是在鏡子裡,看到了自己。

因此孩子的發展功課,環境扮演了在情緒發展上重要的功能,孩子從被擁抱、被照顧的方式,如果媽媽能讓自己順應兒童的需要,讓嬰兒有一種天人合一的錯覺,以為這個客體就是自己所創造出的,當孩子能從這個全能感出發,到後來慢慢一點一滴的發現,原來母親這個「非我」(not-me)是個客觀的存在,這個「我」及「非我」的發現,其中存在的驚異感,會讓孩子自發的在生命頭幾個月,努力研究與嘗試運

用這個客體，注視著媽媽的臉孔中展現的，心不在焉的媽媽、微笑以對的媽媽、冷漠木然的媽媽……，以及從媽媽的回應中出現的，等不到回應的媽媽、過度干擾介入的媽媽、情緒化的媽媽……

從這些母嬰互動經驗中大量累積了媽媽與我們的互動，我們從媽媽的各式表達中，出生了一個第三者，這就是我們看待自己的方式，這也或許為什麼有些人一直到長大了，還在努力的做、努力的證明、努力的用各式各樣的方式，想要創意的表達那個一直未被觸及到的自己，它究竟是個什麼樣子？溫尼考特最後說，或許在心理治療的工作中，可以用這樣的方式來被理解：病人或許需要的，不是多麼精妙的詮釋，而是把病人長期所帶來的東西，再還給病人。

我們是否能說，其實「發現」與「發展」有時候就是同一回事，若在成長的過程中沒有「發現」什麼，其實也某一個程度上也意味著「發展」就是暫時停在那個他「發現」的地方，或許長大離家，這個發現與發展的前進動力也並未停歇，只是我們換了場域及對象嘗試著在發現什麼，同時也在發展著什麼，這種發現的樂趣，無法代勞，無法透過被給予而得到，而是需要真正的在成長中自己去發現到一些事情，而治療師有時候要甘於當那隻泰迪熊做為過渡客體。

回到芽芽，芽芽所說的「不想長大」，那個被成

人忽視的國度，是否仍是找回那個爸媽早就遺忘的，那個昔日的她？芽芽在潛意識生活中找到了象徵性的表達—彼得潘。

故事中有一段關於彼得潘的片段，因為小飛俠彼得潘經常在晚上飛到倫敦，躲在達令太太家的育兒室窗外聽她給孩子們講睡前故事。有一天晚上他被發現了，在驚慌失措逃跑時，他的影子被一條狗給咬住了，達令太太把彼得潘的影子暫時放進了抽屜裡。當彼得潘再次回到達令太太家要找回自己的影子時，因為沒有辦法把影子弄回自己的身上，而無助的哭泣了起來。就這樣，他吵醒了達令太太的女兒——溫蒂，溫蒂便用針線幫他縫好了影子，兩人開始談天起來。彼得潘發現溫蒂知道很多故事，於是他邀請溫蒂到夢幻島去照顧那一群遺失母親的男孩，當這群孩子們的媽媽，為他們講故事。

影子，是多麼生動的描述，閩南語當中的「有影嘸？」，這是個疑問句，要問的是「是真的，還是假的啊？」雖然影子不見得在生活上真的具有什麼功能，但是最重要的顯示著一個人存有的證明，因而當彼得潘遺失了影子，及不知道如何將影子黏合回去時，是一種「無影」的，令人驚慌的肯定句。「影在人在，影亡人亡」，幾乎也是每個人心中原初的恐懼。會不會從哪一刻起，不論是彼得潘飛到窗邊聽著

別人的媽媽在說故事，或者是溫蒂親手將他的影子給縫回去的那一刻裡，溫蒂縫的不是影子，縫合的是重現了彼得潘心中那遺落許久的，「慈母手中線」、「臨行密密縫」的母嬰關係。

在佛洛依德著名的文章〈哀悼與憂鬱〉中提到，在憂鬱的狀態中，失落者意味著失去的是一部分的自我，這一部分的自我形同於那個失去的客體，「失去的客體的影子落在自我上」是佛洛依德的說法，在臨床中，不少個案描述自己與重要他人的離散經驗，我們常會聽到他們會說「他的離開，彷彿也帶走了自己身上重要的某些東西」，這不意味著單純的失去或再填補、再重新投注於新的關係中，而是就是有一部分的自己也隨之一去不復返，讓當事人感覺到自己有一部分被挖空了，也帶了來難以承受的異常痛苦。

另外，在亞富尤《當影子成形時》一書中提到類似的比喻，我們可以在這樣的影子中看到心靈、精神的隱喻……就其對孩子的精神裝置的涵容與保護功能而言，影子也是母性特質的象徵再現。母親的影子掩護孩子免於外在與內在的攻擊，容許他安全地發展自己的精神裝置，容許他形成自己的影子，也是一個免於過強興奮的安全內在空間。但如若沒有活生生的母親、暖呼呼的體溫、聲音及微笑在場，那則建構了 Andre Green 所言的精神上不在場、被憂鬱淹沒的母

親，關於「死亡母親」的影像。

　　最後，不論是彼得潘或是芽芽，這個不想要長大的影子，或許是所有心理現象場的匯聚點，或許在這個不想長大的背後，在他們的心中，是否有些傷感的是，長大怎麼這麼快就來了？好似對於「長大」所感覺到的變動與失去，多過於長大所帶來的種種收穫呢？

【講者簡介】

陳瑞君

· 諮商心理師
· 《過渡空間》心理諮商所所長
· 臺灣精神分析學會會員
· 臺灣醫療人類學學會會員
· 臺灣精神分析學會推薦精神分析取向心理治療師
· 松德院區《思想起心理治療中心》心理治療督導
· 國立臺灣師範大學教育心理與諮商所博士班研究生

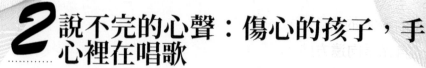

2 說不完的心聲：傷心的孩子，手心裡在唱歌

吳念儒

引言

　　今天我要談的這個孩子C，可以說是，許許多多卡在困境中的孩子的各式症狀的集合體。並且他跟他的父母之間還存在著外顯的、非常精神分析式的議題：與父母之間的三角關係，他把愛與崇拜的眼光都投向父親，對母親愛恨矛盾，時而貶抑時而緊密不可分。然而，命運總是諷刺，他與父親從來沒有見過面，還沒出生，這個名為父親的人就離開了母親和他，但他的眼光向來是望著想像出來的父親。痛苦和悲傷則留在與母親劍拔弩張的關係中。

　　劉又銘在憂鬱三部曲工作坊中，所描述女主角喬與父母之間的三角關係，正好可以為孩子C做一個刻劃：「在洞與洞不斷的被填滿的感覺之間，她迎來了父親的死亡……父親曾對她說，森林中有一顆最美麗的樹，招來其他樹木的忌妒，只有在冬天葉子落光時，樹木顯現出樹木的靈魂，那是如何讓枝葉迎向陽

光的樹木的身影，而光臘樹的黑苞也被看見。父親的目光看向遠方的樹，對她說著話，如此愉悅，到底是她被父親看見了，還是她被迫看見父親看見的愉悅（樹木如同性器？無法得到的快感？）……父親是好的那一個人，相對母親，父親的好是存在的，父親的崩壞（死亡），相當於她世界中好的部分死亡，但會不會也解放了她父親的死亡之時，她以性器流下了淚水。母親則是那麼冷淡，在她意識中（影視中）甚少的存在，是因為壞的關係嗎？不只是缺席，而是因為壞而她讓母親在意識中缺席了嗎？」（取自：劉又銘，性愛成癮的女人：在洞中嘗試強迫性逃離與擁抱自己的女人：洞裡的世界）

成長痛

Is this the real life?

Is this just fantasy?

Caught in a landslide,

No escape from reality,

Mama, just killed a man

Put a gun against his head

Pulled my trigger, now he's dead

Mama, life had just begun

But now I've gone and thrown it all away

Too late, my time has come

Sends shivers down my spine

Body's aching all the time

Goodbye everybody - I've got to go

Gotta leave you all behind and face the truth

Mama, ooo - (anyway the wind blows)

I don't want to die

I sometimes wish I'd never been born at all…

(Queen, Bohemian Rhapsody, 1975)

　　聽來，成長確實是充滿痛楚的，整副身心都痛
得要命！要命，確實要命，歌裡的那個可憐的男孩
（poor boy），對著母親說他殺了一個男人。會不會
是男孩長成男人實在太痛了，痛到要殺死自己？男孩
說了，他希望從未誕生在這個世界。

　　痛楚的來源是什麼呢？是歌裡所說，無法從中脫
逃的現實以及該面對的真相，這指的是什麼？我想，
或許可以這樣描繪，人從誕生那一刻開始，就有一個
接著一個的Goodbye要對一個接著一個的人說，說
再見的人是要離開的，我們都是那個可憐的男孩。然
而，現實是什麼？真相又是什麼？是時間，預產期到
了，出生就是離開母親子宮的時候；年齡到了，該

自己走路、自己表達了；學年結束了，要跟老師同學說再見了；治療時間到了，要下禮拜才能見面了；就這樣一路到了死亡。還想到的是有人養育著我們的，所有的需要都有著一個或多個人願意供給我們，他人的自由意志，不是我們控制得了的。還有一個真相是，之於父母，我們才是那個正港的「第三者」，想像原初場景──父母之間的性交場面，孩子的目睹，或是根據一些跡象的推斷或是幻想。佛洛伊德在《狼人》的案例文章中有對此做了論述：原初場景被孩子認為父親在施受虐關係中是攻擊的角色、此場景激起孩子的性興奮但同時也引發閹割焦慮、孩子如何解讀所目睹的，是奠基於嬰孩性理論而來。然而原初場景究竟是現實層次？還是幻想層次。佛洛伊德仍強調了現實的層面，但也著重孩子後續是如何詮釋的重要性。(Laplanche, J. and Pontalis, J.B. (1 973). The Language of Psycho-Analysis. Int. Psycho-Anal. Lib., 94:1 -497. London: The Hogarth Press and the Institute of Psycho-Analysis）原初場景對孩子的震撼是：「原來我媽媽不是專屬於我的」、「爸爸媽媽才是一對的」、「為什麼你背著我愛別人呢」。孩子瞬間從天堂往下墜落。

墜落天使

引述王盈彬在憂鬱三部曲工作坊的文字:「……我把中文世界的慾放進來想,慾同時身體的肉慾,也是心理的情慾,也可以是物慾、恨慾、無慾、性慾……,表現型會出現的會是哪一種物、哪一種性、哪一種恨。憂鬱存在的樣貌,有著心理層次的情緒語言,也有著生理層次的表現身體語言,也有著文明技能的文字語言。就簡約的連起來,慾是生之本能的前進,憂鬱是死亡本能地前進,當年克萊恩也把死亡本能幻化成為攻擊或是破壞的慾。當求生不得求死不能的狀態無法達成平衡,各種前線部隊的各種防衛,交織成為火網,敵人或夥伴,必須在那一瞬間決定,成功了就多防一陣子,失敗了就退後一陣子,也許癮是一種呈現的形式。於是當初那個和死亡接軌的失落,慢慢地被發現。必須慢慢地,因為太脆弱,可能一觸及破,也可能同歸於盡。」(取自:王盈彬,性愛成癮的女人:這真的和憂鬱有關係嗎?)

天使,經常是畫成孩子的純潔的形象的。拉斯·馮·提爾的電影《撒旦的情與慾》裡,接續著父母原初場景的,是兒子尼克的墜落之死,關於生命真相之一的痛楚:自己才是與父母關係之中的第三人,突然內在死亡本能一陣翻攪,恨、妒羨、攻擊、壞、空洞

如水底的泥沙般，讓純潔美好的幻覺混濁不堪，接受這些難以忍受的眞實，是成長的代價嗎？

聽林宥嘉用〈天眞有邪〉這首歌唱給我們體會：

「有種成熟，名叫墜落凡塵，

你可知道對我做過什麼最殘忍，

就是你狠狠把我一夜之間變成了大人＊＃

＊（你太知道害一個人怎樣害一生，

你在他乾淨無菌主題樂園加進了壞人）

＃（好想知道這個世界會有什麼人，

願意把第一枝槍送給未經污染的靈魂）

奮不顧身的天真，瞬間化成一路走來的傷痕」

（林宥嘉，天真有邪，2016）

踏著地面長大之前，墜落是免不了的，可能是因爲這樣，成長才會如此痛。

看過電影《X情人》嗎？尼可拉斯凱吉飾演的天使，爲了眞實地跟凡人梅格萊恩在一起，他決定從高處一躍而下，成爲眞實的男人。他從馬路上醒來的那一幕，全身痛得要命、臭得要命，結果這個故事最後得來的，是生命的無常，愛的失落，痛徹心扉。所以成長的代價，可能也是愛的代價：

「走吧，走吧，人總要學著自己長大，走吧，走吧，人生難免經歷苦痛掙扎……也曾傷心流淚，也曾

黯然心碎，這是愛的代⋯⋯！」

（愛的代價，李宗盛詞曲）

　　等等！我要卡歌！

　　其實讓我感到難以承受《X情人》這部電影的
是：「梅格萊恩你騎腳踏車為什麼不專心騎呢!?你抬
頭看天空幹什麼?!」「我放棄天使的永生，墜入凡
間，為了跟你在一起。你怎麼可以就這樣死了!?」這
股憤怒，甚至被拋棄的感覺，是比較接近人生的實情
的。接受失落哪有這麼容易!?

　　如果能夠哀悼失去、哀悼分離、接受現實⋯⋯
是所謂的「長大」，尚-克勞德‧亞富尤在《當影子
成形時》裡說：「⋯⋯失落乃在閹割或閹割的前題等
領域中體驗，就像佛洛伊德所指出，接踵而至的分離
經驗，總是發生於主體從依賴到獨立自主的進展中
了。」像是引言中提到的孩子C，如果他能在心理層
面接受伊底帕斯的失落，也就是說，和父母之間三角
關係中，承認自己其實是第三人的這件事情，成長是
否有了持續向前的契機？溫尼考特在〈獨處的能力
The capacity to be alone〉談到：「一個人獨處的
能力取決於，他處理原初場景所激起的情感的能力。
在原始場景中，父母之間的興奮關係是可以感知的或
想像的，健康的孩子能夠接受這種恨意，並能夠掌握

這股恨意並將其匯集到自慰中。在自慰中，有意識的和無意識的幻想的全部責任，被這個單獨的孩子所接受，該孩子是三人或三角關係中的第三人。在這些情況下能夠獨處意味著情慾發展的成熟、生殖器的有力或相對應的女性接受度；它意味著攻擊性和情慾衝動和思想的融合，並暗示了矛盾的容忍度。伴隨著所有這些，這個人的一部分自然就有能力認同父母雙方。用這些或任何術語發表的陳述幾乎可以變得無限複雜，因為孤獨的能力與情感成熟幾乎是同義詞。」

　　然而，長大的過程事實上是艱困不已，從幻想的天堂到腳要踏到實地的中間，到底我們是怎樣熬過來的呢？

中間地帶

　　過渡客體與過渡現象是溫尼考特最著名也是最重要的貢獻之一。在這篇經典的文章當中，溫尼考特使用過渡客體和過渡現象來稱呼經驗的中間地帶，可能是介於大拇指和泰迪熊之間，或介於口腔情慾和真實客體關係之間，或原始創意活動和已經被內化進來的投射之間，或最初尚未察覺受人恩惠以及承認受人恩惠之間，也是嬰兒的沒有能力到逐漸有能力且接受現實的中間狀態。

這個中間地帶對開啟孩子與外在世界建立關係是重要的，並且建立於夠好的母親的早期關鍵階段。所有這一切至關重要的是，外在情感環境以及物理環境中特定元素（例如一個或多個過渡對象）的（時間）連續性。假設接受現實是永遠無法完成的任務，沒有人類可以掙脫內在現實與外在現實的拉扯，要從中解放則是不被挑戰的（藝術，宗教和想像力生活，並從事創造性的科學工作）經驗的中間地帶所提供 (Riviere, 1936)。

來來回回——遊戲的意義

　　佛洛伊德觀察他的孫子在母親不在家的時候，孫子自己發明了佛洛伊德後來命名為Fort-Da的遊戲。意思是去來的線圈，孫子在拉線調控之下，滾進去窗簾看不見之處的線圈好像是母親不見了，後續再把線圈拉出來，如此去去來來都在孫子自己的掌握之下。我們可以看見這個外在遊戲所牽引的，正是心理世界裡對於客體去回的想像，也如溫尼考特的見解，認識和控制外在世界的方式，這是人以文明方式處理客體失落的重要能力，而溫尼考特認為精神分析也是遊戲的一環，是文明的，以說話作為遊戲的方式。語言的來來回回交織構成了如同Fort-Da般的失而復得，要讓

精神分析更有趣且展現更多的創造力，是值得回到遊戲的角度來看待玩語言或玩說話這件事情。我再提取「玩play」、「說話」、遊戲的「戲」，三者結合起來，就是戲劇。孩子以及每個人，心中專屬自己的、內外在經驗交織出來的劇場與劇本，然而這些如人生的戲，必然又會以某種形式在生命中上演，以一個過渡的形式，揉合著生命中的悲歡離合將故事帶出來，就如在診療室中，孩子玩的遊戲和講的故事，成人則透過講話的內容，以及與治療師互動來回所製造出來的聲光效果、背景氣氛，上演自己的生命劇本。

　　波西米亞狂想曲，一部講述英國皇后樂團（Queen）以及樂團主唱佛萊迪・墨裘瑞（Freddie Mercury）的傳記電影。遇到談及真實人物（或事件）的電影，很容易在網路上找到整理電影情節與歷史事實不同之處的文章。或許在這篇文章裡，我們秉持溫尼考特對於遊戲的態度，專注在藝術作品的自身，來幫助我們更能理解和共感溫尼考特要告訴我們的是什麼，包括電影本身，也是一場再真實不過、大型且精緻的眾人參與的遊戲。

　　電影的最後，逼真還原1985年在英國倫敦溫布利球場舉辦的「拯救生命（LIVE AID）」為衣索比亞大饑荒舉辦的募款演唱會。當中的〈*Radio gaga*〉和〈*Ay Oh*〉是兩首接連表演的曲目。

Radio gaga的歌詞以及創作背景，一方面是在懷念收音機曾經在人們生活中占有極重要的位置，收音機也像是作為人與外在世界的過渡空間，另一方面，在現實生活上，感嘆收音機時代就要被淘汰以及電台節目不再像過去那樣多樣且豐富。就像歌詞裡面唱到：

　　「I'd sit alone and watch your light,

　　My only friend through teenage nights,

　　And everything I had to know,

　　I heard it on my radio,

　　…You made 'em laugh, you made 'em cry,

　　You made us feel like we could fly,

　　So don't become some background noise… 」

　　(Radio Gaga, 1984)

　　當看到佛萊迪唱到「radio gaga, radio goo goo...radio blah blah」，這些聽似小嬰兒牙牙學語的歌詞，觀眾也一起跟著佛萊迪打著節拍跟著唱，好像在那個時刻，這首歌是否有針砭社會現象的背景可以退到幕後，當下也不是現場的所有人在意的重點。是佛萊迪的魅力在情感上感染了所有現場或看轉播的人們，大家一起唱歌、一起玩音樂。緊接著下來的 **Ay**

Oh更是如此。佛萊迪唱一句，觀眾跟著唱一句，非語言的語言，無需提及演唱會是爲了援助現實的苦難，這場演唱，皇后合唱團與觀眾一起完成了偉大的音樂藝術創作。看了網路影音平台上這場1985年的皇后合唱團的影音片段，引述有位極具創意的網友留言了一段現在所謂「設計對白」的對話：

　　某人問主唱佛萊迪：佛萊迪，你玩的樂器是什麼？
　　佛萊迪回答：觀眾。

　　確實如此，這場演唱會已經不是皇后合唱團的創作，是在當場與觀眾一起創作出來的作品。
　　場景轉換到精神分析的診療室，有人曾以跳探戈比喻精神分析裡兩人的搭配互動所成的美麗動態。若用樂器是觀眾當作類比，診療室的對話像是治療師和個案互爲對方的樂器所演奏出來的樂音。如此一來，詮釋被視作唯一的工具的這件事，似乎可以賦予一個新的詮釋：詮釋好比五線譜上的音符位置，然而整首曲子的節奏快慢、強弱、編曲，扮演著相等重要的決定性角色；治療師與個案之間除了談話內容之外，談話的節奏，像是急促或緩慢、沉默留白的片刻、相互配合的默契等等，成爲一種專屬於這兩人之間的氛

圍。

　　或許作為創作者的天命，就是讓我們內在主觀感受的孤獨與外在世界的現實之間，可以有一個相遇交疊的場域，讓我們得以喘一口氣，這個不是內在也不是外在的地方，擁有屬於自己的存在、樣子和語言。

　　回想以及看看世界上正在發生的事情，像是公益、體育賽事、政治造勢、社會運動、天災人禍如2020年爆發的疫情等，這些群體社會的活動，似乎都會創作出具代表性的歌曲。當然，這些應運而生的歌曲都有個現實社會的背景脈絡存在，不少時候是關於苦難災禍的。然而事件落幕後，這些歌曲會被留下來的，繼續傳唱。另一種可能是這些歌的存在，因著時空背景更迭，原本的背景或許被淡忘，但仍有機會隨著新時代被賦予新的意義或詮釋。過去十年臺灣陸續出現許多歌唱選秀節目，很多好聽的老歌被比賽選手重新演繹翻唱，老歌被新裝上市、年輕一代可以聽到過去很好的音樂作品，人們集結討論夠大的聲量，讓此有機會成為當下流行音樂文化的一部分。然而這點在精神分析的術語也能看到類似的命運，古典的語彙除了回溯過去在理論演進中的意義之外，與當下時代相互脈動也是十分重要的，所謂溫故知新，這些歌曲、術語、理論詞彙等等，擁有了獨立的生命。

　　溫尼考特在他的著作中提到遊戲的概念，即使

在成人的治療或分析當中也是可以看得見。他舉例的是，幽默感。我試著從佛洛伊德談論幽默的觀點，想像嬰孩在成長過程，失落創傷所帶來的心碎般的破碎感。大部分人是或多或少修復這些破碎感，那麼幽默的能力，和推動它的超我，扮演什麼角色呢？尤其是超我的否認現實，並提供錯覺來安撫自我，也就是佛洛伊德把幽默的態度，當作是種能力，是源自雙親的超我，提供照護嬰兒的方式，雖然超我也同時具有嚴厲的主人的角色，驅迫自我替它服務。「玩笑並非幽默的核心，重要的是幽默的意圖：此危險的世界只不過是孩童的遊戲——值得對其開開玩笑。……在幽默裡，超我對驚恐的自我說出安撫仁慈的話語。……並非每個人都有幽默的能力，這是一種少見且珍貴的禮物。……如果超我試著以幽默的方式來安慰自我並保護其免於痛苦，這也不違反其做為雙親代理人之來源。」（呂思姍中譯，出自Freud, S., , Humour，頁.166，1927，英文標準版第21冊。）

拒絕再玩的孩子

　　如果孩子在哀悼失落的成長過程中，還能玩，值得我們替他們鬆了一口氣。有些孩子是悲傷的，像是C，他的生命截至目前為止仍然卡在過渡當中，我稱

之為「In the Middle of Nowhere的孩子」，身處荒無人煙之處的孩子，沒有人幫他們搭一座橋、沒有人當他們的擺渡人，他們在大海之中漂泊，找不到岸可以靠，墜落的是無底洞。

出生就註定失去父親的C，對母親的憤怒排斥，好像用來提醒著自己不要再付出愛了，愛人是危險的，會讓人很失望很心碎的。但拒絕著母親的C，被母親的存在隨時牽動內心思緒的C，難道不是跟母親緊緊牽連在一起嗎？這或許是C對抗分離的方式。母親回憶說，C從小黏她黏得很緊，一直到了國小高年級，C還是長得像是國小二三年級的孩子。

> 「現在你是不是一樣感覺被傷害，
> 所有的童話故事都已不再像昨天，
> 關燈，這樣的日子依然沒有改變，
> 真心只有剩下一丁點……
> 明明就很沉重，何去何從，
> 能回頭我早回頭，我還在等待什麼，
> 我要我要我要跳進水裡面，
> 那裡有個永恆青春的小孩，
> 我要我要我要跳進水裡面，
> 尋找遺失已久純真的年代。」
> （伍佰，純真年代，2006）

所謂症狀是否也是另一種受苦的玩？

　　《神鬼交鋒Catch me if you can》這部電影是另一個很具代表性的例子，李奧納多飾演一個十七歲高中生——法蘭克，因為無法接受父母離婚，他開始一場命運的大逃亡。他製造假支票、假證件、假身分，行騙各地，躲躲藏藏又十分張狂，一位負責承辦後來知道是法蘭克所犯的一連串詐領支票案件的FBI探員——漢瑞提，展開為期數年的追捕行動。電影裡面，法蘭克在逃亡期間，曾經在聖誕節打電話漢瑞提，洩漏了他的孤單，或是他被逮捕的那天，他其實沒有掙扎，像是等著漢瑞提有一天可以找到他一樣。法蘭克，面對心目中那對美好的父母配偶的關係破裂，接受太痛苦了，更別說要去看見父母的問題，理想的幻滅發生在十分破碎又遺憾的背景之中。法蘭克的謎，藏在一次次的犯罪外衣之下，衣服褪去，還是一個把悲傷留給自己的孩子。

　　我想，每個所謂的臨床症狀、違法亂紀的問題行為，是孩子出給我們的顯而可見的謎題，底下藏著的是孩子們無法哀悼的失落與悲傷。或許，同時也伴隨著像是一種求救訊號的希望感。

躲迷藏的孩子・找謎藏的大人

　　這是個勢必要玩的、亙古雋永的遊戲，知道要躲迷藏的孩子，是太聰明的孩子，是敏感纖細的孩子，也是等著被找到的孩子，真心想要被了解，但又怕受到傷害，所以真心要先藏起來才行：

　　「總以為謎一般難懂的我，在你了解了以後，其實也沒什麼，我總是忽冷又忽熱，隱藏我的感受，只是怕愛你的心被你看透。猜的沒錯想得太多，不會有結果，被你看穿了以後，我更無處可躲，我開始後悔不應該太聰明的賣弄，只是怕親手將我的真心葬送。」（陳綺貞，太聰明）

　　那大人呢？用波西米亞和文明的交戰與交易作為比喻，如果從文明愛的性質裡，本我（id）的不滿，或父母的愛裡摻雜著如何讓嬰孩符合大人作息的爭戰，本質是如何讓嬰孩適應大人的世界，這也是後來相當流行且被深化的「不要輸在起跑點」的心理基礎。不要輸的未來，要盡早習得比他人更厲害的東西，是否最原始厲害的是，比其他小孩早走路、會說話、能早點適應大人的作息……。這些都被當作是值得炫耀的，是多麼希望嬰孩可以快點長大。

只是，如此縱身一躍，先不說往下墜是其中一種可能性，即使是往前或往上跳，總是有個什麼被跳過了，跳過，也是一種打斷，「父母逐漸知道其重要性和價值，會帶著這個東西去旅行。母親任此客體變得髒或臭，知道如果清洗它將打斷了嬰兒經驗的連續性。這個打斷將破壞這個客體之於嬰兒的意義和價值。（溫尼考特在〈過渡客體與過渡現象〉一文中提到連續性的重要性）」

好比與兒童工作的治療師，需要思考如何在場與盤旋，保護孩子內在的連續性，以度過這個過渡的過程。揠苗助長與拉拔長大，一線之隔，要如何取得平衡？大人的太聰明與大智若愚，該如何攜手合作呢？

尾聲

我要引述溫尼考特在〈犯罪作為一種希望的徵兆Delinquency as a Sign of Hope〉，十分感人的話作為今天的尾聲。他是這樣說：「在治療過程中，除了可能會在孩子身上出現的道德問題之外，沒有所謂的道德問題。治療會談不是一個事實調查委員會，誰在進行這項治療工作都與客觀真相無關，但絕對與病人的真實感受有關。⋯⋯病人目前正在經歷某個過去某個時刻是現實的事情，並且如果分析師允許他自

己去擔任被分配的角色，那麼會有病人從妄想中復原的結果出現。……這些事情必須被接受和容忍。擔任心理治療師角色的任何人都不需要聰明。所需要的只是願意在特定的時間裡，參與到孩子當時所處的事物中，或者透過病人潛意識的合作而出現的事物中，這些很快就會發展並產生具有力量的過程。正是這個在孩子裡面的過程使會談變得有價值。……問題是，什麼是這裡所謂的希望？孩子希望做什麼？這是很難回答的問題。孩子，在不知情的情況下，希望能夠帶著一個人，一個能傾聽回到剝奪的時刻或剝奪成了不可迴避的現實的人。這個希望是，男孩或女孩將能夠重新體驗遭受剝奪反應後的強烈痛苦，並且與一個作為心理治療師的人有所連結。當孩子使用治療師提供的支持，回到那個重大的時刻或一段時間，一段接續著剝奪之前的記憶的時間。這樣一來，孩子要麼回到失去尋找客體的能力，要麼回到失去框架的安全性。孩子已經回到了與外在現實的創造性關係，或者回到了自發性安全的時期，即使其涉及了攻擊性的衝動。這次的回返是在沒有偷竊和攻擊的情況下完成的，因為這是某個什麼自動地發生，孩子抵達以前無法忍受的結果：對剝奪的受苦反應。我所說的受苦是指劇烈的困惑、人格的崩解、永遠的墜落、與身體失去聯繫、完全的迷失方向以及其他這種性質的狀態。一旦將一

個孩子帶到這個地帶，並且孩子已經記住了它與以前發生的事情，人們就沒有任何困難，無論在理解爲何反社會兒童必須花一生來尋求這種幫助的原因。他們無法繼續自己的生活，直到有人跟他們一起回返，透過再現被剝奪的直接後果，並讓他們能夠憶起。」（Winnicott, D. W. (1967), Delinquency as a Sign of Hope）

　　嗯，幽暗的路途，我們要一起陪伴前行。最後的最後，用伍佰的歌〈夜照亮了夜〉，與溫尼考特這篇文章相互映照：

「夜是那麼黑，看不清悲喜界限，

任誰都好累，青春只剩一滴眼淚，

我變成了誰，不自由為愛放逐靈魂，

心死就不傷悲，明知愛很珍貴，

夜照亮了夜，痛戰勝了痛，

然而春去春回，長大成人滋味，

最黑的黑是背叛，最痛的痛是原諒，

霧是那麼輕，可以覆蓋一切，

放過手的不是昨天明天你我，

風吹過了雪，愛的記憶都融解，

這一刻心為蝶，掙脫輪迴

我願擁抱你，你不能承受的虛偽，我來體會，

我願擁抱你，你給不起的未來，我來告別」

（伍佰，夜照亮了夜）

【講者簡介】

吳念儒

- 臨床心理師
- 臺灣精神分析學會會員
- 精神分析取向心理治療師

3 請本尊站出來喔：聽我說話的你，是誰的分身？

王盈彬

前言

　　在精神分析診療室中，一對一的組合，是治療師和個案，而在這兩個身分的背後，不難想像的是，都有其各自組成的各種元素，於是可以想像成，其實是多對多的互動。在準備探究的這一個題目時，乍看之下，好像是在說，治療師有假裝和眞實的各種不同面貌元素，而個案會因此感受到不一致的情緒態度和眼光，對尚且無法理解或領悟這樣不同的未成年個案來說，可能因而對應出截然不同的面對，或甚至因爲這個不一致，而移情出早年的困惑或恐懼，因此爲了可以繼續進行相遇的目的，明裡或暗裡的希望可以弄清楚，或來不及弄清楚，就先啟動了防衛行動，最終多是希望本尊可以現身，讓一切的疑惑可以有個解答，也許就像早年面對照顧者的困惑，在不穩定的形象經驗中，尋找落腳的所在。

　　個案也許意識上是主動的在想，這一個諮商治療

會談的背後，會不會有其他的目的存在，但是也有可能是被動的接受而被動反應，端看這樣的不一致，是會引發好奇想像，還是恐懼防衛。背負被法律裁量的個案，也有可能會多一些想像，每一次和治療師談完後，自己會如何被解讀，治療師會如何再和學校老師談、或和父母親談，甚至是和法務人員談。甚至也有可能，治療師的語言和態度，已經讓孩子頭腦放空或恐懼，只能窮於應付這個臨場的冷冽與煎熬，盡量原地不動。當然這原地不動，也有可能是依循著原本的行為模式，尚未達到可以嘗試改變的氛圍。

同時間，反過來，治療師面對一個未成年的孩子，不停地斟酌，這些童言童語或是情理不符的對話，甚至是表裡不一的行為反應，到底又會有幾分真正是從孩子心中想講出來的，或是做出來的；又或者，這些可以講出來的話，又會在孩子離開診療室後，經過多少周圍環境的傳遞與校正，再次回到診療室來。我們都知道，要和孩子約定好治療室規則這件事，總是需要照顧者的認同與協助，於是治療師就不得不開始面對眼前的這位孩子，他本身形成一個載體，接收著內在的迴聲，也受到外在客體和群體的影響。治療師該如何開始這一個工作，又該走向何處？本尊存在嗎？如果是，又是用何種形象存在？

「這些孩子在身體上和道德上感到無助，他們的

人格尚未得到充分的鞏固，因此即使單只由思想上進行抗議，也無法運作，因為成年人的壓倒性力量和權威，使他們變得愚蠢（dumb），並可能奪走他們的理智（senses）。然而，同樣的焦慮，如果達到一定程度，就會迫使他們像自動機器一樣服從攻擊者的意願，神化攻擊者的每個慾望並給予滿足。他們完全忘卻了自己，並使自己認同（identify）了攻擊者。」（王盈彬譯）[註一]

接下來的探索所採取的順序，也許是一些治療師在專業發展中碰觸、學習、實踐精神分析理論和技術的歷程，是從閱讀理論和文本開始，然後進入與個案的工作，似乎這樣的方式是比較符合大家學習的經驗。然而，對佛洛伊德而言，他發展精神分析的順序是相反過來的，當然這也和他廣博地涉獵各種知識，並有緣投入到精神官能症的研究路徑互相呼應，那就是唯有不斷透過臨床經驗和思考，才能慢慢琢磨出來的理論架構。

「的確，在性及其與人的整個生命的關係面向，精神分析的方式，也將此帶向了某些最終的困難和晦澀之處。但是，這些問題不能通過推測來解決，它們必須等待透過其他觀察或通過其他領域的觀察來解決。」（王盈彬譯）[註二]

一、從理論出發

單向思考
用理論推演出來的移情
有一種星星是用數學物理算出來的

　　一名中學生，從小就有多起妨礙性自主紀錄，也不排除有被性侵的可能性，一位準備接手輔導的治療師，在閱讀了個案的書面資料後，預計進行有限次數的諮商，面對這在專業領域被標誌為困難個案的人物，通常治療師很本能的會匯集出在許多的專業或業餘的期刊書籍都會提到的這個概念——有過被性侵害的個案，很常在未來形成性侵害者。如果這是統計的大數據結果，該如何理解和推論呢？眼前即將出現的中學生，經歷過如理論論述般的經驗嗎？治療師帶著這樣的配備進入治療室的前線，到底會遇到甚麼樣的狀況呢？

　　「費倫齊（Ferenczi）描述了解離的心智組織。這種涉及認同攻擊者的解離結構，包含了此人在情感上依附於內化的迫害者，就像他或她與較早的外部攻擊者一樣的依附狀態。正是這種內在關係配置，使迫害者能夠維持在保有力量的自我狀態。這些自我狀態以施虐照顧者為榜樣，經常懲罰人，因為他們認為這

對於人的安全和保護是必要的。」（王盈彬譯）（註三）

這樣的描述，無疑是很精要的指點出可以應用在個案上的理論架構。這裡有一個專業的名詞，「認同攻擊者（identification with the aggressor）」，這個專業名詞在當代已經被廣泛使用，但經常造成混淆並且難以理解，其中部分可能的原因是，通常是根據安娜·佛洛伊德（Anna Freud，1936）後來對該過程的概念進行解釋的，該概念被理解爲具有某種代理和目的感的防衛性，

「這是由安娜·佛洛伊德（Anna Freud，1936年）標示和描述的防衛機制：在面對外在威脅（以出自權威的批判，做爲典型表徵），主體將自己認同爲攻擊者。他可能會這樣做，一種是直接採用攻擊本身，另一種是透過對攻擊者的身體或道德上的模仿，又或者再次採用被指定爲攻擊者的特殊權力象徵。根據安娜·佛洛伊德的觀點，這種機制在超我的初始階段的構成中，占有主導地位：此時的攻擊仍是朝外的，尚未以自我批評的形式轉向主體。」（王盈彬譯）（註四）

費倫齊是比安娜·佛洛伊德更早提出這個概念，甚至是更完整的概念的始祖，其以下所描述的第一階段的論述，從某個角度來看，也許是更爲貼近更原始受到創傷的個案狀態，

「沒有人比費倫齊更熱情地描述了創傷性誘導的

解離狀態，及其導致的人格分裂。費倫齊在他的〈母語混亂Confusion of Tongues〉論文中，介紹了認同攻擊者的概念和術語，在其中他描述了受虐待的孩子是如何變得固執和失去理智的。在遭受壓倒性的創傷後，孩子被攻擊者的願望和行為如催眠般的震攝，自動地通過模仿來認同，而不是通過有目的地識別出攻擊者的角色。為了擴展費倫齊的觀察，認同攻擊者可以被理解為有兩個階段過程。第一階段是自動的，是由創傷引起的，而第二階段是防禦性的和有目的的。當認同攻擊者是從自動的有機過程開始，經過反覆活化和使用，逐漸成為防禦過程。廣義上講，當它成為是解離的防衛機轉時，具有兩個共演的關係部分，即受害者的部分和攻擊者的部分。」（王盈彬譯）^{（註三）}

從這些描繪來說，或許可以部分的說明，何以費倫齊會覺得需要修改佛洛伊德強調的被動且節制的技藝。費倫齊強調的主動技術，多少反映出他著眼的是，這些創傷個案，由於經常處在認同攻擊者的心理態度，使得他們是更傾向於對於要幫忙他們的人，產生了更大的攻擊想像，於是讓關係呈現出更破碎的狀態。依目前的經驗來看，這些個案的確是不容易只以佛洛伊德式的有距離的態度來面對，如果我們只著重內在客體的概念，而忽略了我們對個案來說，也是一個有表情有眼神的客體時，可能就會因為未特別觀察

做為外在客體的我們的相關影響，而遺漏掉另有一些值得發現的心理訊息。

「費倫齊的認同攻擊者的概念幫助我們理解的一件事是，不僅僅是攻擊者以某種方式『進入』了前受害者之中，導致了對攻擊的重演，而且精神已經分裂，以至於自我的一部分已自動模仿前攻擊者的行為。」（王盈彬譯）^(註三)

眼前的困難個案，雖然是個中學生，看似應該到了可以有自己的主張的年紀，但是其出乎意料的退行行為，卻透露出了一些端倪。在非語言的行為層次上，顯然必須透過另一種方式來嘗試理解與對話，這是防衛嗎？還是？從官方文件中透露出收集到的客觀訊息指出，個案在從小成長的空間中，不論是實體或抽象的空間都有著感情關係的紊亂，和與他人身體界線的不清楚。在與治療師鬥智的棋盤上，或是帶著疲倦而來的片刻，沒有語言的交流，而是直挺挺的如入無人之境的自我行事。這個沒有語言的互動，著實令治療師難以著墨。還好，文獻講述的相當完整，值得如此推敲，但是僅供背景參考，以減少治療師的焦慮。

「然而，對於我們的理論而言，這種假設非常重要——即，虛弱而未發展的人格不是通過防禦，而是通過焦慮纏身的認同，以及透過威脅性人物或侵略者

的內攝（introjection），來應對突然的不愉悅。」
（王盈彬譯）^(註一)

看起來，這其中夾雜著不僅是防衛，還有一種
爲了防衛而出現的認同，有了這樣的理論基礎，壯大
了治療師的膽子，治療師也還在邊做邊學。就如同費
倫齊，由於不滿意佛洛伊德完全放棄誘惑理論，他仍
認爲那些實質遭受性傷害的個案，需要不同的處理方
式，也因此他留下這篇重要的歷史文字遺產。

「當遭受性攻擊時，在這種創傷性的緊迫感的壓
力下，孩子可以立即發展出成年人的所有各種情緒，
以及蟄伏在他體內的所有潛在的質地，這些質地通常
屬於婚姻、母職和父親身份。與常見的退行對照，我
們有理可說這是創傷性發展，過早的性成熟。」（王
盈彬譯）^(註一)

二、從關係出發

兩人關係
用特殊對話互動出來的移情
有一種星星是用望遠鏡看到的

這是一場不可避免的先入爲主的互動，個案是
一位「性侵犯」，在他眼前的是位「治療師」。在社

會體制內，個案必須因為這個「罪名」，開始接受矯治。未完全成年的心靈，也許正在思索，甚麼是「性侵犯」，又或者早已對這個名稱無感，又或者正要以此名號進行被定名後的闖蕩，又或者……。這是從這個罪名「性侵犯」開始運作的兩個天南地北的方向，一邊是往要修正的方向走，另一邊可能還在困惑者，或甚至走向了認同。萍水相逢的兩個人，被社會體制的運作，硬是湊在一起，目的很明顯的是為了一個不得不的理由，治療師的任務是要協助個案回歸社會的一環，這個回歸社會的第一步，就是要守法，而守法的方式是矯治，然而如何才能培養彼此的信任，再加上短短的時間，可以因為專業形象與組合的存在，就因此加速嗎？

「除了激切的愛和激切的懲罰之外，還有第三種方法將孩子無助地綁在成人身上。這就是痛苦的恐怖主義，兒童有義務將家庭中的一切混亂恢復正常，可以說以他們自己溫柔的肩膀，承擔其他所有人的負擔；當然，這不僅是出於純利他主義，而且是為了能夠再次享受失去的休息，以及與休息一同而來的照顧和關注。」（王盈彬譯）^{（註一）}

費倫齊的描繪相當細緻也令人感傷，在受創後為了要活下去而需要再承擔大人世界所匱乏的部位，如此的組成了眼前的「性侵犯」。在個案與治療師有限

的談話中，尚未觸及所謂性的議題，更遑論性侵害的議題，一切從看似公平的桌遊遊戲開始，一種無害的呈現，甚至觸動了治療師的惻隱之心。

「而更讓心理師印象深刻的是，個案必須犧牲自己的需求來照顧或滿足更小的家庭成員的慾望；而這其中的不公平、沒被好好照顧、忽略，在案主理所當然的語氣下，似乎消聲匿跡，但卻在心理師的心裡勾起大大的震盪，讓心理師必須非常難得的忍住難過的心情，才能繼續會談。」（某案例文本）

個案從見面的一開始，並未直接觸及為何治療存在，也許是已經經歷過一些治療師的接觸了，又或者已經熟悉這樣的性侵害加害者的治療模式，因而在會談的初期，呈現的第一個故事，反而是從小就沒見過父親的經驗，「似乎從一開始浮現出的就是一個父性力量非常脆弱的家庭藍圖」（提案文本）。但是這也有可能是一種選擇性的發言，有些是防衛，有些是破碎，甚至是解離。如同一般說的心碎，散落一地的心理經驗，而由於分裂機制的作用下，那些破碎的人生經驗就各自生活如同散居各地的家人，各自為了討生活而活下去，卻是變得不再相識的過程。

「費倫齊（1933）在他的〈母語混亂〉中強調了『在沒有人格分裂痕跡的情況下，既不會感到震驚也不會感到恐懼』。他繼續說，隨著孩子成長過程

中，震驚的增加，分裂也隨之加劇，然後很快，『保持聯結而不會混淆所有碎片變得非常困難，每個碎片都表現為一個獨立的性格，甚至不知道其他碎片的存在』。」（王盈彬譯）^{（註三）}

費倫齊這些說法是很重要且生動的經典，如果從歇斯底里中的解離來說，這可能是內在的心理機制，只是在佛洛伊德的年代會以潛抑（repression）機制來說明，不過如果以佛洛伊德晚年再提出來明確化的分裂機制（splitting）也許是另一種貼切的臨場經驗的描繪。

這是某次旅行一個孩童與成人對話的現場紀錄旁白，「一隻蛛蜂麻醉了半巴掌大的蜘蛛，快速的拖著這個戰利品奔馳在草間隙縫中，年約八歲的小孩看到了大喊『有一隻好大的螞蟻』，大人順著望了過去，發現這一隻合體的生物，因為牠停了下來，才讓大人看清楚，原來這小孩眼中的『大螞蟻』其實是兩種生物的組合，而且是生死之組合。」

還有一個令人莞爾的童語，「爸爸，你知道為什麼包子是饅頭的爺爺嗎？因為包子有皺紋呀。」孩子擷取了特定的特徵，來連結成一種有趣的玩笑話。

孩子會用自己已知的稱呼或特徵，來辨識周遭遇到的事物，包括新的物件，因為發現一種想要告訴大人的生物或特徵，來接軌一種可以被大人理解的稱

呼，爲什麼他們不這樣說「我發現了一隻不知名的生物」。在八歲的年紀，這是學習的旺季，藉由課堂及生活上的知識學習，孩子正如同海綿般的吸收及辨識各種新的接觸，並以此與親近的大人們連結。

在精神分析的運作場域中，移情和反移情的聯想是很重要的思考元素，當治療師很清楚的感受到自己受到個案所引發的情緒和想法時，個案當年的時空景況才有機會客觀的重現並因此重新被檢視。

「目前會談的後期，要準備隨著學期結束而暫停，會不會繼續這並不曉得，而案主則是表達出過去曾換過很多心理師，也覺得只要有人談就好的想法……由過往的輔導紀錄看起來，案母有可能會忽略案主接受輔導的重要性，但也不排除案主自己抗拒接受分離的可能性，而這一切必須等到接下來的會談才有機會討論。許多的謎題，讓心理師聯想到案主是否也對那未曾見過的案父一樣，充滿想像，但無法言說呢？」（某案例文本）

治療的歷程究竟是要給個案一個可以複製再創造的經驗，像是一個中繼站；還是要讓個案體驗到一種曾經失落或不曾有過的美好，像是一個終點起始站。依我們的經驗知道，有些學生遇到不錯老師的引導是可能會改變或變好，那麼精神分析的作爲是依據什麼呢？古典精神分析強調的中立，在這樣的情況下，是

管用或正確的態度嗎？或是卽使我們不斷如此的思考
定位自己，但是個案會如何接近這樣的位置，卻也是
我們尚無法明確理解和探究的，不論是因爲個案內在
的阻抗或是尚未成形的碎片，我們都必須慢慢地等待
與摸索。

　　有一個專業術語稱爲「反移情
countertransference」，在專業字典的解釋是：

　　「分析師對個別被分析者（尤其是對被分析者自
身的移情）的整個潛意識反應。佛洛伊德只有在極少
數情況下才提到他所謂的反移情。他認爲這是『患者對
〔醫生的〕潛意識感受的影響的結果』，並強調了『沒
有任何精神分析師會超越他自己的情結和內在阻抗所允
許的事實』；因此，分析師必須絕對接受個人分析。自
從佛洛伊德時代以來，反移情受到了精神分析師越來越
多的關注，特別是因爲這種治療越來越多地被理解和描
述爲是一種『關係』，也是由於精神分析進入了新的領
域（對兒童和精神病患者的分析），這些可能需要更多
分析師的反饋。」（王盈彬譯）^{（註四）}

　　既然提到了反移情，就也得了解一下移情。有一
個專業術語稱爲「移情transference」，在專業字典
的解釋是

　　「對於精神分析，移情是潛意識願望的實現過
程。移情使用特定的客體，並在與這些客體間建立特定

關係的框架內進行操作。其與眾不同的內容就是分析情境。在移情中，嬰兒期原型重新出現，並被經驗為具有一種強烈的即時感。通常，精神分析師對『移情』一詞的非傳統使用意味著治療期間的移情。然而古典傳統上，移情被認為是執行分析時的所有基本問題可以演出的疆域：移情的建立、模式、詮釋和解決，實際上是定義了治癒這件事。」（王盈彬譯）^(註四)

　　個案把自己潛意識中不想要或無法要的部分投射到治療師身上，治療師感受的被剝奪和哀傷，是個案來的嗎？當個案給的語言資訊如此的有限時，要如何去拼湊個案的全貌？個案只希望有人談談就好，是因為對歷任治療師的失望適應，還是防衛性的談談就好？或者，可能是我們出於善意，而想讓個案多了解一些自己問題的來源，但這是個案此刻需要的嗎？或者我們善意，不但無正面的收獲，反而有害？

　　治療師猶豫了，想要拼湊出一個個案的樣子，在短短的有限的時間中，要做些甚麼呢，加上短短的語言，又要找出那些關鍵字呢？會不會自己能力不夠，但是得硬著頭皮想想，邊做邊想，還要注意自己做得好不好。如果我是這個小孩的父母親，我會不會也是一樣，或是就像資料展現出來的，孩子生了，命運就靠孩子自己，但是如果這個小孩是人類的原型，他願意照顧弟妹，是基於何種想像或天性？

三、從感覺出發

矛盾出現
用直覺出來的移情
有一種星星是用肉眼看到的

「患者總是認同分析師的，而不是與分析師矛盾
或指責分析師犯有錯誤和盲目性；他們只有在極少的
激動性類固醇運作的時刻才會如此，也就是，幾乎處
於潛意識狀態，才能鼓起勇氣進行抗議；通常他們不
允許自己批評我們，除非我們給予他們特別的許可，
甚至鼓勵他們如此大膽，否則這種批評甚至不會讓他
們意識到。這意味著，我們不僅必須從他們的聯想中
辨別他們過去的痛苦事件，而且還必須（比原本所想
像的更多）辨別他們潛抑或壓制對我們的批評。」
（王盈彬譯）[註一]

這是個案呈現出理所當然的背景氣氛嗎？個案
以行動代替語言的方式，是一種等待的測試嗎？治療
師感受到的難過，要如何呈現出來，才會成為一種溝
通的語言？如同溫尼科特（Winnicott）表示的治療
者，如何被個案感動，如同母親被小孩的表現所感
動，他甚至說這是一種能力，雖然如何表達自己的被

感動是有很多的可能性。

「我可能會提醒您，患者對戲劇短語不會產生反應，而只會對真正的真誠同情作出反應。他們是通過語音的語調或顏色，還是通過我們使用的詞語或其他方式來識別真相，我無法分辨。」（王盈彬譯）^{（註一）}

即使是如此直覺的感覺反應，引發治療師一些企圖勾勒出個案樣貌的思維，仍需要有創造性的語言互動，就像個案在經歷了可能的失落或創傷，也正用自己的魔法，創造出象徵的世界。然而，矛盾的情感存在宛如剛探出頭的嫩芽，治療的環境是否如同客製化的環境，來促進嫩芽的展現，並且接納可能的內生性攻擊，是一個複雜的歷程。

「缺空激起了心靈（psych）活動，使心智化（mentalisation）、象徵化（symbolisation）成為可能，以面對閹割焦慮。想像中的再度掌握和精神上分離經驗的轉化，促使再現的活動出現，從而取代了赤裸的、被現實迫使的、原本被動忍受的悲傷狀態。然後，各式各樣的幻想劇本啟動了，從被遺棄中得到一種被虐的滿足，這被遺棄的狀態本身成了挹注客體（objet d'investissement），並取代了失落客體，甚至成為認同式的角色對調，以此確保能掌控分離。失敗的主體和失落的客體以某種方式交換了他們想像的角色和位置；被遺棄者使自己成為遺棄者。但

是這種區分無疑有點形式化；分離的經驗總會在『需求』和『慾望』之間擺盪。在慾望範疇內的不滿足與缺空，總是會活化起在需求範疇內，在驅力的依存關係中，失落所烙下的痕跡。正因如此，才會退行（regression）到源初的無助與依賴（dependance originaire）的狀態中，這樣的退行攸關生死存亡，並會透過各種身體化症狀（somatisations）表達。」（註六）

　　治療的現場，除了理論的背景、互動的關係之外，更有著彼此之間流動的各種非語言的元素在交錯中，專業的稱呼為「此時此刻」的當下。在每一瞬間，各種直覺一起發生在當下，沒有太多的考量時間，那是一種人與人之間自然的互動，只是治療師因為受過訓練，也直覺的以一種安全而啟發的空白方式在運作著，映照出個案的潛意識所展現的行動與話語。這些直覺的感受，正是在兩人潛意識中的多樣面貌的交互作用。

四、實務的開始：從公平地交換出發，這是公平嗎？

　　交換「母語」的靠近，就像是治療師用小孩語言接近小孩，也用大人語言接近小孩，小孩和大人，如

何在彼此的不同中，發現友善的態度，或許是為了一種成全，只為了接觸這一個彼此不認識，但是卻有些相似的新生物，了解彼此。成全了甚麼，也許不盡然是一種美好，也可能是一種無奈，但是都會經歷一場探索。

天地間有一種運行是照的陽曆走的，那是太陽的時間；有一種運行是照著月亮走的，與季節變化，與農作物的生長有關，形成了陰曆。太陽的世界，如果無法和月亮的世界互相理解和搭配，人們想出了閏月這件事，算是太陽和月亮的協調結果。成人的世界和小孩的世界，彼此之間的運行，又會是使用如何的軌道在接近或搭配？

那一天，我看到小孩臉上停了一隻蚊子，我在打蚊子，當然就打了小孩臉一巴掌，小孩哭了，說好痛。如果這一隻蚊子是由一隻可以控制人心的一隻變形金剛所偽裝，成人看到了，非得用盡全力打死蚊子，但是也可能打死孩子，在如此兩難的焦慮中，該如何思考接下來的步驟？

「在雙方妥協下，45分鐘的會談，變成20分鐘的談話與20分鐘的遊戲時間，剩下的5分鐘一起收玩具」（某案例文本）

治療師的描述中，透露出了甚麼訊息。玩遊戲、談話，各占一半，是一種公平嗎？還是一種爭取和退

讓的妥協。一起收玩具，是一種共享完成任務的檢討，還是一種規矩的建立。治療師用語言表達，個案用行動表達，也是一種交換嗎？又或是一種測試？我們以為的公平，其實對個案和治療師各自而言，其實是經歷了不相同的歷程。

五、大小、強弱、公平：「愛」這件事

在閱讀精神分析相關的理論後，治療師試著內化所有的理論，以治療師的語言和態度開始，我們才有可能接近這一個特殊個案，因為身為治療師的我們有任務在身，因此必須先裝備齊全，才能進行深入的治療工作。這是在診療室很常見的故事，在這之前，我們已經由現象學和理論學和經驗學，知道了這樣的個案可能的致病機轉，我們也就不難推敲該如何矯治，也有很多以系統性的介入，已經成形，可以直接運用。即使有如此中性的教課書可以使用，治療師本身的情感，還是會不知不覺的進入治療的場域中，到底是用恨教學、或用愛教學、或用恐懼教學、或……等，同樣的課本，卻會教出不一樣的學生，或養出不一樣的小孩，在此先不論小孩本身的氣質，我們的內在到底是天使，還是魔鬼，當讀者們看到白雪公主的童話故事，到底是注意到巫婆惡毒、白雪公主的善

良、七矮人的熱心，還是這些人物的背後的各自角色形成的來龍去脈？

「在這裡，我們必須還原佛洛伊德很久以前提出的一些思想，在這些思想中，客體愛的能力必須先經過認同的階段。我想稱其爲被動的客體愛或溫柔的階段。在這裡，客體愛的遺跡已經很明顯了，但是只是幻想中的一種嬉戲的方式。」（王盈彬譯）^{（註一）}

與這樣牽涉到成長的破碎的個案工作，既是最難，也是最簡單。簡單的是，不停止的給予良善愛就可以，最困難的是處理在愛中的恨與攻擊，不僅是個案的，也包括了治療師的。在短期的工作中，或許比較容易收尾，但是如果是爲了個案的完整療育，勢必必須進行長期的治療工作，需要多少的具體的愛的方式的轉化，來從外而內的協助，又必須同時處理由內而外的移情中的恨與攻擊，著實是一件令人費心費力的任務，而且持續是一個雙向的歷程。

「不論有多少來自父母的愛，嬰孩都面臨著殘酷的人性戰爭，什麼時候可以讓自己的作息，和大人的日常生活與工作作息相一致？雖然有著母愛天性的說法，這種天性裡可能在角落埋伏著一場戰爭，無聲的戰爭，可能是有小孩的哭聲，可能有著做愛的呻吟聲，聲音裡都有著自由的渴望嗎？每個聲音都有著要傳到遙遠天邊的自由嗎？……涉及的是，小孩的誕

生，對於大人世界的衝擊。這個課題常被父母之愛所遮掩，而忽視需要同時想像和觀察，除了愛，原始母性所具有的容納能力，恨也是重要的課題，呈現在如何讓小孩盡快適應大人的生活作息？這種潛在期待可能很原始，卻是很真實的期待。我這麼說的潛在理由是，例如，嬰孩剛出生不久後，會引發夫妻間多少衝突，尤其是晚上小孩哭著要喝奶時，由誰起床來餵食？

這是很常見的明顯或潛在衝突，有些可惜的是，被導引向夫妻的男女戰爭，在目前的政治正確下，是男人要幫忙，不然就是大男人主義。我不排除有這個因子的影響，不過我更關切心理學的特質，例如，不論男女，不論是否有工作，嬰孩夜間起床喝奶是無法避免的事，只是導向男女衝突或恨意時，就難以想像和討論對嬰孩存在的潛在恨意。」^(註七)

六、從一個「名字」開始：童話故事的開始

論說文是詮釋的形式之一，就像理論書上的文字一般，是一個載體，此時準備要讓兩個人心中的小孩對話，或是一位大人一位小孩。小孩應該是聽不下去論說文的，這樣的未成年個案，其實論說文式的詮

釋往往起不了實質的作用，也可能因此我很難以此作為下筆的結尾。變化一些形式，用歌、遊戲、動漫、競技……等，也許是一種必然，這是一場考驗著治療師童年經驗記憶的治療，下象棋、玩桌遊、玩手遊……，還好治療師也有經驗，不然肯定必須再尋找其他的互動方式。雖然克萊因（Klein）以孩童的玩的方式很像大人的自由聯想來發想，因此讓成人的精神分析的理論得以和孩童的遊戲聯想在一起，但是「玩」畢竟就是一種行動，和言說是不同的行動，兩者之間仍有值得再思索的連接地帶。

但是我們也想說給成人聽，也許仍想著要給成人裡的「psychoanalytic baby」聽。如果重頭開始，「案主從小卽經歷強烈的失落與虐待（忽略、剝奪）經驗，不過卻在會談室中表現出理所當然的樣子。而在開朗的表情下，似乎透過隱約散發出身體的異味，以及在診療室睡覺時的勃起，以及與心理師玩遊戲贏了就跑去上廁所等行為，似乎想要與心理師溝通一些事情，不過要溝通什麼，如何溝通，是這次提案想要討論的疑惑。」（某案例文本）。

藉此進行一種精神分析的建構：一個從孩童時期就經歷了極不穩定的客體連結，形成一種失落和疑惑，甚至是被客體虐待的經驗，再加上用上了「強烈」的加強語，可能已經意味著，任何人接觸到這樣

的個案，都似乎可以想像出，眼前的個案應該已經遍體麟傷的虛弱的躺臥在乾枯的草堆上，乾乾瘦瘦的像路邊的流浪狗，一跛一跛夾著尾巴的淒涼慘狀。但是治療師卻驚訝的看到一個表現出「理所當然」的中學生，有著開朗的表情，這是怎麼回事？

有一個專業術語叫做「反向作用reaction formation」，在專業字典的解讀如下：

「與被潛抑的願望截然相反的心理態度或習性，並且構成了一種反應（例如以害羞來對抗喜好表現傾向的行為）。用經濟學術語來說，反向作用是一個意識元素的反向灌注，在強度上與潛意識的灌注相等，但是作用方向相反。反向作用可能是高度侷限的，會以特定的行為表現出來，或者可能被概括為形成或多或少融入整體人格的性格特徵。從臨床的角度來看，當反向作用表現出僵化、被迫或強迫的面向，或當反向作用無法達成目的，或當偶然地直接導致與意識上的意圖相反的結果時，就具有症狀價值。極端的正義是極端的不正義（extreme justice is extreme injustice）（suumum jus summa injuria）。」（王盈彬譯）（註四）

這是一個比「否認denial」更複雜的原始防衛機轉，因為不只是用蒙上眼睛就看不到的手法，還矯枉過正的製造出一種此地無銀三百兩的技巧，而一切

都在潛意識中發生，無法輕易的被看透。個案以一種樂觀或者坦然接受，甚至是一種昇華的方式來處理這悲慘的遭遇，對已經升上了中學的程度的孩子來說，也許有此能耐吧，但是經驗也告訴我們，應該是蠻難的。

再補充一個專業術語叫做「昇華sublimation」，相關的精神分析解釋是：

「佛洛伊德提出的解釋一種人類活動的過程，該活動與性沒有明顯聯繫，但被認為是由性本能引起的。佛洛伊德形容為昇華的主要活動類型是藝術創作和智力探索。可以說，這種本能得到了昇華，因為它被轉向了一個新的、非性的目的，並且其目的是具有社會價值的。」（王盈彬譯）^{（註四）}

「反向作用（reaction formation）」與「昇華（sublimation）」，都是轉向，但是在防衛機轉中，一個是極端的原始，一個是極端的成熟。很顯然的，不可能將這兩種機轉放在同一個行為身上，但是如果同一個行為真的存在這兩種極端的運作機轉，那意味著在這行為（behavior）背後的感覺（feeling）或意念（ideation），肯定是相當矛盾的並存，如果這是屬於潛意識，那就合情合理了，因為在潛意識的世界裡，矛盾並存是相當正常的，而且其中勢必另有其他的運作機轉，也許像是「分裂機制」，可以將這

兩種極端合併在一起共存，並且在意識上不覺得有矛盾。然而如果推向未成熟的小孩心靈中，也許還存在一種不同的可能機轉，「解離」，更加的破碎，也更加的情感斷裂。

「因此，我們不僅在程序上與變成潛意識的施虐者進行了認同，現在，從依附為導向的受害者立場，與施虐者建立了正向的依附關係，在意識中保留了『溫柔（tenderness）的情境』。但是這種溫柔的情況是錯覺的，因為在心靈的一個被解離性隔絕的部分中，在內在世界中，從依附觀點來看，那些無法被接受的信息和感覺，常常以令人恐懼的方式繼續存活。」（王盈彬譯）^{（註三）}

總得有個開始的名字吧，也許就是「性侵犯」的治療，或是「心理治療」的開場，之後才有成長談論的空間和象徵，當分裂或解離的碎片，發展到可以有自己的感受與表達，進行中的故事才能比較清楚的前後展開，美化的過程就如同一種幽默，讓這一個開始，就像童話故事一樣，可以順利些的被閱讀吧：

「我現在將嘗試使用另一種語言，該語言源於Melanie Klein的作品。獨處的能力取決於個體在精神現實中存在一個好的客體。好的內在乳房或陰莖或好的內在關係，足以為個人提供設置和防衛（暫時不論如何），以對現在和將來充滿信心。個體與他或她

的內在客體的關係，以及對內在客體關係的信心，本身就提供了足量的生命力，因此即使沒有外在客體和刺激下，他或她也能夠暫時感到自在滿足。成熟和獨處的能力，意味著個體有足夠的機會，通過恰恰好的母親來建立對良性環境的信念，這種信念是通過重複令人滿意的本能滿足感而建立的。在這種語言中，人們發現自己指的是個人發展的更早期階段，而不是古典伊底帕斯情結所占主導的階段。儘管如此，人們仍認為此時的有相當程度的自我成熟。假定個體將整合成為一個單元，否則將沒有提及內在和外在的意義，也沒有賦予內在幻想特殊意義的意義。用負面的話來說：必須有相對的免於迫害焦慮的自由。用正面的話說：好的內在客體存在於個人的內在世界中，並且可以在適當的時候投射出來。此時將要提出的問題是：在一個小孩或一個嬰兒在一個很早的階段，當自我的不成熟導致無法用剛剛使用的措辭來描述一個人時，是否可以獨自一人？這是我論文的主要部分，我們確實需要能夠說出一種不成熟形式的獨處，並且即使我們同意真正獨處的能力是一種詭辯，但真正獨處的能力卻具有它的基礎，是在某人在場時，獨自一人的早期經歷。一個人在一個人面前獨處，可以在很早的時候發生，這是由於母親的自我支持自然平衡了自我的不成熟。隨著時間的流逝，個人會內化支持自我的母

親，這樣就變得可以獨處，而無需經常提及母親或母親的象徵。」（王盈彬譯）^{（註五）}

這是一條長路，我們不知他何時可以走成這種可以孤獨，是不排斥他人的孤獨，是種可以享受的孤獨，而在這個過程裡，治療師的關切和成全是需要的，只是要如何做才不會是過度的壓迫，對我們來說也是長路。

參考文獻

註一：Ferenczi, S. (1988). Confusion of Tongues Between Adults and the Child —The Language of Tenderness and of Passion. Contemp. Psychoanal., 24:196-206

註二：Freud, S. (1914). On the History of the Psycho-Analytic Movement. S.E., Volume XIV (1914-1916), 1-66

註三：Howell, E.F. (2014). Ferenczi's Concept of Identification with the Aggressor: Understanding Dissociative Structure with Interacting Victim and Abuser Self States. Am. J. Psychoanal., 74(1):48-59

註四：Laplanche, J. and Pontalis, J.B. (1973). The Language of Psycho-Analysis. Int. Psycho-Anal. Lib., 94:1-497. London: The Hogarth Press and the Institute of Psycho-Analysis.

註五：Winnicott, D.W. (1958). The Capacity to be Alone. Int. J.

Psycho-Anal., 39:416-420

註六：當影子成形時，2007。作者：尚－克勞德·亞
　　　富尤。譯者：林淑芬、黃世明、楊明敏。出版
　　　社：記憶工程。

註七：在情慾裡求生的苦與痛：拉斯·馮·提爾導演
　　　的「憂鬱三部曲」，2021。作者：王明智……
　　　蔡榮裕等。出版社：無境文化

【講者簡介】

王盈彬

・精神科專科醫師
・精神分析取向心理治療師
・臺灣精神醫學會會員
・臺灣精神分析學會會員
・英國倫敦大學學院理論精神分析碩士
・王盈彬精神科診所暨精神分析工作室主持人

4 抱著電視長大的孩子：青春死寂中，動漫吶喊生命的惆悵

魏與晟

一個臨床片段：

在諮商室中，憂鬱的國中少女非常被動，隻字不提班上的人際狀況，諮商師奮力地找話題，換來的只是輕微的點頭與搖頭。少女第一次開口說的話是：「其實我有在玩cosplay」之後話夾子好像打開了，滔滔不絕的講cos圈與動漫的話題，心花怒放不能自己，有時候講得太high了，讓諮商師有種無法招架的感受。但當諮商師想要拉回現實中人際議題時，少女又落寞的縮回了自己內心的角落，回到死寂的擁抱中。

這是與愛看動漫的青少年工作常見的狀況，仿佛案主有兩個部分，或是說，有兩種截然不同的青春，一種是了無生氣、憂鬱、孤獨空洞、充滿症狀的屍體，而另一種是充滿興奮感、熱情、背德、勇於追夢的，活生生的少年少女。

為什麼同一個青少年的狀態會有這麼大的差異呢？我接下來想要談談三種青春期，耀眼的青春期，灰色的青春期，以及無法耀眼也沒有顏色的青春期，

而這三種青春都能在動漫中被「找到」。

耀眼的青春期

好像有種青春，那是我們想像中青春期該有的樣子，充滿活力、到處嘗試與碰撞，藉以邁向獨立。歌頌青春（青春を謳歌する）是日本高中生們常用的詞彙，仿佛對於怎樣的青春期才算是有意義，才算是真正的活著，有些特別的想像與執著。日本女高中生們畢業旅行時在沙灘上奔跑，大喊著要歌頌青春，那真的是相當耀眼的畫面。動漫裡面的人物通常也有洋溢的青春，尤其是我們所謂的「Jump系」[1]作品，這類的作品通常都會歌頌友情的美好，與夥伴們有著共同的奮鬥目標，主角們在遇到挫敗時都會一次又一次的站起來，這類單純而美好的漫畫在主流市場中有一定的地位，被稱為「王道」漫畫。

這類的漫畫角色通常有一個特性，那就是他們很清楚自己要做什麼，但貌似班上就是有這種人，彷彿自己的夢想與當前的人生並沒有衝突，或是說即使有衝突，也能夠自在切換的人。溫尼考特曾提過真我與假我的概念。在溫尼考特的用語中，真我是一個人的天性，是身體、心靈以及一切感官的總和；但真我本身難以論及，反之，他認為要討論真我就必須轉而討論什麼是假我，在他的概念中，假我是一個人為

了順應環境而生的狀態，它一方面是適應，讓我們適應社會、長大懂事，一方面是屈從，讓自己投降於環境的壓迫，剝削了對自身的熱情。亞洲這種強調升學主義的文化，大部分的人都在這種文化當中經驗著自己某個部分不斷被環境剝削的感受，但就是有些人，對於這樣的環境，彷彿不需要屈從，或是輕易承受，或是能做出無所謂的妥協，能夠很直接說出自己喜歡什麼，並且為此努力，這樣的人真的非常閃耀。題外話，我認為國高中的生涯輔導，必須很認真地考慮真我假我這個議題，否則並沒有什麼意義。

我有個個案曾跟我說過，他認為家庭溫暖的人（當然對比於他自身是家庭破碎的人），在遇到人生重大決定時，好像有能力勇往直前，他們雖然朋友很多，但他們未必需要朋友的支持，因為他們知道自己要做什麼。這樣的人讓他覺得很閃耀。先不論這個論述是否合理，但我的個案好像捕捉到了那些閃耀的人背後的力量。這種力量，讓我想到溫尼考特「論孤獨的能力」中，對他所謂的孤獨（alone）的描述，他是這樣講的：「根據先前我講的理論，更進一步的階段是……一定涉及嬰兒知道母親持續存在這件事……我認為當嬰兒發現母親是持續且可靠的臨在，這種可靠性讓嬰兒能夠在一定的時間內，獨處並享受獨處。嬰兒就能從「我是（I am）」的狀態發展成「我是

孤獨的（I am alone）」的狀態。所以我試著講描述一個悖論，一個人孤獨的能力是基於曾經經驗過有個人持續存在，而這種經驗不夠就無法發展出孤獨的能力。」也許我們可以說，這些閃耀的青少年他們有足夠「母親在他們背後」的經驗，所以才能勇往直前，如此閃耀。

　　動漫中不乏這種閃耀的劇情，但通常不是這類擁有閃耀青春期的人在看，因為他們可能「不太需要動漫」，至少不太需要「沉迷」於動漫，因為對他們而言，外在現實中的經驗更為有趣。那為什麼動漫圈中，這類閃耀的「王道」動漫還是這麼多人在看呢？也許觀者是以一種羨慕的眼光在看；在臨床上聽青少年少女們在談論動漫時，貌似有兩種不同類別的經驗；一種是動漫做為一種經驗的鏡映，會有一種「那好像我」，所以他們會在治療室中嘗試用動漫來描述自己的經驗；另一種是「那是我沒有的」感受，動漫傳達出了一種他想要的，但卻空缺的事物，而藉由觀看那些我沒有的東西而尋找一些好的感受。這邊比較類似第二種的感受，好像是在講，動漫中有個美好的東西，那是我不曾擁有過，或幻想過要有的，觀看這種動漫時感覺「被治癒了」，好像又有了一些力量，好像也能被這些角色的熱情感染一樣，會霎那間獲得貌似不再迷惘的幻象。彷彿要定期注入一些這種「王

道能量」，來抵抗外在環境的壓迫，最近比較經典的例子就是前陣子〈鬼滅之刃〉電影版票房出乎意料的高，遠遠超出一部動畫電影該有的關注度，這也許就呼應了在疫情期間，大眾非常需要這種「王道能量」，也可以看出動漫媒材在傳遞這種經驗的渲染力是多麼強大。這喚起了某種對自我的熱情，好像自己又有能量去做一些事情，好像又再度清楚自己到底在堅持什麼，不過通常，在動漫開始撥片尾曲時，這份熱情也隨之散去……

灰色的青春期

是否所有的青少年都喜歡看這種「王道」動漫呢？實則不然，自2000年後開始陸續出現一些「反思自身」的作品，這類作品的主角大多都遭受霸凌或是遇到某些特殊事件，導致青春期得背負極大的痛苦；主角必須是個「邊緣人」，有著難言之隱，或有志難伸，缺乏朋友也沒有理想，處在憂鬱與茫然中。觀看這類的動漫好像會有比較踏實的感覺。這好像是一群沒有辦法歌頌青春的青少年，在試著體會自己實際的狀態，我們姑且稱這種狀態叫「灰色青春期」。這群人雖然感到孤獨或寂寞，但其實非常需要這與那些閃耀的人不同，這種孤單寂寞背後，藏著一個不夠穩固的自我，也許我們可以說這些人感到孤獨、想要

孤獨，卻又無法完全孤獨。寂寞並不是說有人陪就能解決，那是人際面向的一種需求，更多的是那種不知道該拿自己怎麼辦的感受，想要表達什麼，但往往感受到的是失落，這種屬於灰色青春的複雜感受，極度渴望被另一個人理解與看見，於是開始有了個祕密的嗜好，可能是看動漫、寫小說，或是偷偷暗戀某個男孩女孩，希望在這種偷偷摸摸的嗜好當中，被某個人看見，找到某種救贖。對於這些人來說，灰色青春才是青春期主要的樣貌，就像是歌德在少年維特的煩惱中的無病呻吟，或赫曼赫賽在徬徨少年時中的迷惘追求，然而現在的青少年不看那些東西了，他們看動漫，但煩惱跟徬徨都沒有改變，只是用另一種方式在訴說。

描繪這種經驗的動漫作品不勝枚舉，比較經典的像是〈夏目的友人帳〉。主人公夏目從小就擁有陰陽眼，因為會看到妖怪而被同學排擠，始終交不到朋友，自從父母親過世後，就開始與寂寞孤獨為伴。輾轉被鄉下的叔父收養後，慢慢發現自己的外婆也有看見妖怪的能力，也發現那些嚇人的妖怪，只是想找回自己被外婆奪走的名字而已，夏目得知妖怪的故事，看見了妖怪與外婆的關係與感受，透過還給妖怪名字，理解了每個妖怪所承受的寂寞，是部賺人熱淚的動畫。在觀看這個作品中，透過主人公夏目去理解妖

怪，看見妖怪，還給妖怪名字的過程，觀者的寂寞好像也被看見了，進而有種感動在心頭。這種尋找妖怪名字／尋找自身感受的歷程，不禁讓人想到溫尼考特在「溝通與不溝通」這篇文章裡，講到的捉迷藏遊戲。他是如此描述：「捉迷藏遊戲……躲起來是如此享受，但沒被找到是如此痛苦。」我認為這非常精確的描述這種灰色青春期的狀態，一方面要有自己的堅持，與班上格格不入是一種個人風格，但又有很強的人際需求在。這種想被看見又不想被看見的感覺，可以從一些部活（日本的社團活動）類的作品中看出，這類作品通常也維持著一定的人氣，像是輕音部、露營部等等，都是在描述一些格格不入的青少年少女們，自行組成社團來獲得歸屬感的故事。

若我們說那些能夠獨處的閃耀青春，背後總有個穩定的母親在，那麼這些玩捉迷藏，持續在體驗躲藏與找到、看見與被看見的灰色青春期，也許他們在小時候，找不到母親臉龐時，找到了電視機。這些抱著電視機長大的孩子（也許現在是手機），找到了幻想中的母親，從中母親臨在與現實之間跑出一個可以玩捉迷藏的電視空間，也許在遊戲時背後沒有母親臨在，所以他們在遊戲中，試著在找尋其他的經驗。雖然有些簡化，但這邊我想提出兩個構成動漫文化核心的經驗，那就是「萌」與「燃」。這兩者都都讀做

moe，僅是漢字寫法不同，在描述某種看見喜歡的東西，有種幸福或興奮的感受。從美少女漫畫到熱血格鬥，從自我刺激性的興奮感到史詩級的壯闊冒險，圍繞著這種感覺的創作與交流，成為了動漫文化圈的主體。這個空間可能在小學時還很「好玩」，像是小時候可能會迷四驅車、爆轉陀螺等等，好像世界很單純，但到青春期後，許多現實的因素入侵了進來；性的成熟、學業壓力、人際關係，那些「灰色的文本」就被加到這個捉迷藏空間中，開始有了陰鬱的味道。

灰色青春期的特色是不去溝通。在某種程度上，不去溝通是很重要的事情，不溝通不代表這個人想當個討厭鬼，而比較像是此時自我有某種堅持，而這個堅持是不需要去跟現實妥協，而達成的一種空間。比起那些能夠耀眼的青少年，「不去溝通」的青少年也許是更大的族群。溫尼考特在〈溝通與不溝通〉這篇文章中，曾經描述過一個青少女個案，這位青少女告訴溫尼考特她偷了一本筆記本，把它變成一本詩集，寫了些看似很有深度的詩，她想要描述給溫尼考特聽，來讓他知道自己是有想法的人，卻又沒有要讓這些創作跟現實接軌，沒有想要磨練自己的文筆，也沒有想過要出版這本詩集。就動漫圈的術語來說，這個青少女應該是個「中二病[2]」患者。是的，中二病就是不溝通的權力。當父母對一個整天在畫有點蹩腳的

同人誌，玩cosplay的青少年，說「你那麼喜歡畫畫，以後要不要考慮念建築系？」的時候，那就是莫大的災難，是對青少年核心某個很重要的東西的侮辱；對於沉迷動漫的青少年來說，動漫「只是單純的興趣」是很重要的事情，這種興趣可以不理會花費、時間、成本，不顧一切的去投入，但它一旦跟現實扯上關係，就一點也不好玩了，瞬間心灰意冷。因為這種「只是興趣」的感受是「不溝通」的，是一個可以躲的很好，又可以適時被找到的時刻。

講到不溝通，就必須提到在溫尼考特的概念中，他用「找到／創造」來取代傳統上「內在／外在」的論述。剛剛講到在這種不溝通的青春期中，青少年用動漫來找到很多自己的感受，現在我想論述一下跟創造有關的不溝通。動漫族群有個很龐大的運動，叫做同人誌展[3]，在這個每年四度的展覽中，有創作慾望的動漫迷們組成個別的社團，以非商業的形式販售自己的動漫創作。在其中，比起購買，更像是融入動漫文化圈，做文本／慾望的交流，在這其中沒有人會問畫得好不好、會不會太色情、這次能賺多少錢的事情，而是讚嘆「我跟這個有共鳴」或是「這就是我想像的」。同人誌活動就很類似這種「不溝通」的行為，也許大家會問，在同人誌展中每個人都在交流，認親，做很多團體活動，為什麼是不溝通呢？我認為

同人誌這件事情跟溫尼考特的那位青少女的詩集一樣，那是「不爲了什麼」而做的事情，並不想要賣錢，也不想要成爲畫家，只是單純的沉浸在自己的某種喜好或狀態中而已，那是與現實，與未來切割的空間。這種不溝通，是屬於動漫族群的青春。

在青少年試著尋找母親時，找到了動漫，而投身於動漫產業後，又創造了同樣的經驗，給另一批年輕人尋找。這邊套用溫尼考特對文化的論述，他認爲文化是過渡空間的延伸，好似一個儲藏庫，大家可以把找到的東西恣意的放進去與領出來。動漫文化的本質，好像就是對在尋找母親／自己的過程中產生出的創意的大悶鍋，有著各式各樣的素材能夠提取，隨意組合，成爲自己的作品又放到網路上流傳，進而成爲新的素材。同人誌展就好似這樣的地方，在其中並沒有人詢問什麼是原創的，什麼是獨創的，因爲他們知道，自己都是在尋找母親這條路上的一名殉道者，動漫產業就像是尋找母親的漩渦一般，從死寂的地方繁榮了起來，那是給在過往擁有失落人們的嘉年華會，雖然有個空洞在，但卻比任何人都還要有活力，不信的話，抽空去看看同人誌展，就能印證我所說的話。這些青少年在灰色青春中，在失落中，用動漫文化，用自己的方式閃耀了起來。

無法耀眼也沒有顏色的青春期

最後，我想也是最棘手的，就是有一些青少年，他們無法閃耀，卻也找不到庇護所，求學生活不是全盤的毀滅，就是全盤的退縮。這種青少年少女，比起耀眼，更可能是其相反，是大家想要把他遺棄的存在，他們可能會伴隨強烈的投射與外化，包括強烈問題行為、自傷自殺威脅，或是捲入很麻煩的人際關係中，這些強烈的情緒經驗，並不是多采多姿的顏色，反而是一片空白的畫布，硬是要生出某些東西，而強加上去的強烈色彩，我暫且稱這個為沒有色彩的青春期。

這種空白或是空洞，也許也可以稱為某種創傷，對溫尼考特而言，創傷與最早嬰兒與母親的分離經驗有關，上文已有提到閃耀的青春後面有個母親的臨在，找不到母親時在電視中找到了不溝通的權力，這些與母親的經驗都不到溫尼考特所定義的「創傷」，他說到：當媽媽不在時，嬰兒能忍受x分鐘，之後若在y分鐘後母親回來了，創傷就還不會發生，但若到了z分鐘，嬰兒會經驗到自我連續性中斷的感覺，有某一部分自我的根源已經被改變，並且永遠回不來了。當然這邊並不是在論述父母到底要做到什麼程度才不會帶給小孩創傷，因為實際上的情境可能非常複雜，他也提到大部分的孩子不會經驗到這種創傷，或許溫尼

考特講的z分鐘的分離，是一種相當可怕的環境或心理狀態。

　　這種「自己已經找不回來了」的感受，似乎要用非常強烈的抗議與攻擊，才能與他們過去失去的東西做些連結，這種攻擊好像是要突破那道被創傷所造成的隔離，去找回原本的那個自己，但這種找回自己的方式力道如此之大，往往變成像是在摧毀自己與環境。如同溫尼考特在〈青少年的問題行為作為一種希望的象徵〉中說的，青少年所抗議的，有很大程度是想要被看見，因為他們想要找回原本被剝奪的東西，而這種力量，被稱為反社會張力（antisocial tendency）。青少年會找到自己抗議人生的方式，並認為那是唯一的答案，可能是浪漫化的戀情、可能是加入幫派、可能是自傷、可能是暴力行為。

　　在這種力量底下，若這個人又剛好找到了動漫文化，就會開始浮出帶點倒錯味道的可能性。動漫文化充滿著性興奮，很容易被拿來作為抗衡青春期憂鬱的力量，可以說那憂鬱的青少年青少女們，在動漫的文本中，用另一個分身充滿活力地再活一遍。這時候就出現了兩個自己，在青春期空白的自己，以及在動漫中活過來的自己的分身。那種「啊，我活過來了！」的感受想必非常美妙，透過動漫世界的興奮感，空洞的自我穢土轉生成另一個生命，這種生命是需要消耗

能量的，要不斷的使自己興奮起來，才能感受到活著。現實在某部分被否定掉，也失去遊戲的可能性，在充滿興奮色彩的情境下重新活一遍。在這種狀態下，在動漫中找到的那些萌跟燃的經驗，似乎不足以達成救贖，其實萌跟燃這兩者經驗，已經暗示著許多興奮的元素在裡面，興奮感要往成熟的部分邁入成為夢想，或是要往後退行到單純的自我刺激，這也許就跟經驗到的創傷有關。由於此時需要一些更刺激的東西，動漫的世界不足以成為一個能夠玩捉迷藏的文化圈，而比較像是一種維生裝置。而這種維生裝置是以興奮為動力在運作。如王明智在〈憂鬱三部曲之：誰的憂鬱周旋在情與慾裡浮？〉裡有提到：「溫尼考特提醒我們對於原初場景的幻想透過手淫得到釋放對於學習獨處之重要，不禁讓人聯想到A片之於手淫的關係，透過觀影，我們一遍又一遍地把自己帶回原初場景，觀看旁人之性愛，被阻隔在銀幕之外，除了滿足偷窺的需求之外，那種隱含的排除感，如何可以成為愉悅？無論是影片的挑選，私密空間的安排，還有其間狂野的幻想與獨享的放浪形骸，或許可以讓自己在潛意識中滿足於嬰兒對父母雙方的操控、攻擊、色慾與認同；也算是某種獨處能力之養成。」從這個片段可以看出來，在早年空洞中出現的興奮感與情慾，並不只是單純的慾望，而是一種企圖找回自己掌控感的

嘗試。

　　日式動漫中以青少年或成人的文本居多，其中不乏具有思考性的文本，圈內稱之爲「大作」，但比起這些沉重的作品，大部分的動漫文本僅是具有強烈興奮性的載體，除了動漫人物誇張的身材比例外，許多動漫創作就像是性幻想的本身，在任何一間動漫店中，前兩排的商品一定是「BL[4]」而且皆爲限制級，除了BL外，後宮、亂倫、跨種族性愛這些幻想式的性癖比比皆是，除了這些較爲露骨的性興奮，動漫圈內也包含著各式各樣的興奮感，用更隱微或間接的方式去包裝呈現，可以說動漫文化圈包辦了興奮的光譜也不爲過。感受被性化或興奮化的歷程可能很複雜，在這邊就不細講，但我們可以看到男性與女性（或是兩者的元素）會用不同程度類型或功能的方式在處理這些事情；我這邊特別想提的是青少女對性的想像，其強烈程度往往被忽略，在女性身上，倒錯的元素可能比想像的更多，像是少女漫畫或是BL漫畫中充斥的非常非現實的SM情節。

　　早年創傷造成自我的空洞，會讓這些施受虐的元素就很容易填塞進來，到最後彷彿這些倒錯式的興奮感，就是自己的全部。像是經典的少女漫畫《尼羅河的女兒》就是施受虐很好的例子，在漫畫中，女主角被迫不斷的懷孕、墮胎、被迫更換伴侶，但這種悲

慘的經歷似乎給了女主角一種悲劇英雄的光環，越是悲慘的女主角，就越能喚起那種因受虐而獲得的全能感。這種感受會有各式各樣的變形，施受虐可能會被浪漫化，或是演變成各種型態，這類的人彷彿在用施受虐的興奮感去填充空洞，整個取代了青春期的感受。自我空洞、性興奮、全能感、浪漫，這些詞彙被混為一談，當再次受到現實壓迫時，這股能量會變成未經思考的外化行動，一口氣爆發出來。

　　或許我們也可以換一個角度來談這種沒有顏色的青春期，若我們說這種不溝通的動漫活動是一種遊戲，我們也許就能說，動漫是一種過渡空間，在那個空間中不需要問什麼是現實給的，什麼是自己找到的。溫尼考特曾經去試著去區分過渡客體與母親的替代品之間的差異，若是過渡客體，那是屬於嬰兒的東西（或是動漫屬於青少年），他可以全然的在其中體會，可以自在的擁有或丟棄。在這種狀況下就像是遊戲治療的情境，青少年能在動漫活動中探索自己，並去「找到」許多東西。但若動漫僅是母親的替代品時（因為創傷或沒有母親），那個遊戲會變成焦慮的遊戲，這種遊戲是非常具有興奮性的，由於這樣的青少年無法理解自己的焦慮，所以他們也無法停止玩這種焦慮的遊戲，並且這種遊戲很像是強迫自慰，因為他已經沒有辦法與客體有關係，只能不斷反覆用非常強

烈的方式做自我刺激。此時這個不能遊戲的嬰兒只能看見母親的臉，而沒有辦法看到外在世界，並且不斷檢查母親到底有沒有正在看著他。

這種完全情慾化的受創樣貌，其實在動漫文化中還是有（部分）被消化的。有一種萌屬性叫做「病嬌[5]」，病嬌通常出現在著重描寫強烈攻擊與原始經驗的文本中，在描述一種愛到失心瘋的狀態，有點像恐怖情人，一種愛你愛到死，強烈的獨佔慾望；病嬌在現實生活中應該完全不會有魅力，但是在動漫世界中，卻有著莫名的萌點，好像這種純粹的、暴力的、非常原始且投射認同的方式，還是呼應到觀者內心深處的某種經驗，在這種強烈的暴力下，還是能找到某種救贖。

但也許反過來說，也只有動漫這些素材，才讓這類空洞的經驗，至少有了跟情慾有關的話語。在上一段提到動漫文化圈是個寂寞經驗的儲藏庫，大家可以從中提取用自己的方式再次創造，以此來找自己。同樣的在更深的層次，也許也是一種情慾經驗的儲藏庫，大家也可以不斷從裡面提取情慾經驗來填補空洞，同時祈求中間出現一些創造的能力，雖然聽起來有些倒錯的感受，但也許也是因為有這樣的儲藏庫在，才能解釋動漫文化圈這麼龐大的熱情，以及他可以包容各式各樣受苦、寂寞或空洞的人，尤其是青少

年。

結語

我在這邊講的三種青少年,可能在班上是三種不同的族群,也很可能同時存在於一個青少年體內,他既享受自己的孤獨,又羨慕那種耀眼的青春,同時有個完全不知道該怎麼辦,在底層空洞的死寂感。他也許會比較好,用另一種方式去追回或哀悼那個不如想像中完美的青春,也可能會比較差,想要用更強烈的問題行為作出抗議,來搶回或刺激那些已經死了或麻木了的客體。

我在這篇文章中講了許多發散的主題,我也無意深度多談,只是想要運用動漫素材,對一些相關的經驗作粗淺的連結,拓展想像空間。青春的閃耀與孤獨、充實與空洞、有母親與找母親、創意與毀滅,這些對比的議題,而動漫在這個對比的中間發生,可以是恩典或是邪教。若我們在心理治療的片刻跑出動漫的素材,也許也會在一念之間,取決於我們的心智狀態,讓它變成祝福或是詛咒。

參考文獻

· Winnicott, D. W. (1958). The capacity to be alone. International Journal of Psycho-Analysis, 39, 416-420.

· Winnicott, D. (1965). Communicating and Not Communicating Leading to a Certain Opposites. The Maturational Process and the Facilitating Environment.

· Winnicott, D. W. (1967). The location of cultural experience. International Journal of Psycho-Analysis, 48, 368-372.

· Winnicott, D. W. (1991). Playing and reality. Psychology Press.

[1] 在周刊少年Jump上連載的漫畫,指較為熱門且通俗的漫畫,內容以青少年冒險居多,強調正向與熱血。

[2] 中二病並不是嚴格的定義詞,不同人在不同途徑接觸下可能會產生不同的理解。中二病對於個人比較偏頗,其定義的特徵於群體中都會有這個思想,該定義確有雙重標準的特徵,所以不是學術所承認的名詞。這種情況常在國中二年級發生,故稱為「中二病」,而把有那種情況的人稱為「中二病患者」。一般常見的中二病患者是將幻想類小說和動畫中常見的題材加上自我概念的修改所製造出的規則套用於自己與現實身上。

[3] 同人誌即賣會(又稱同人誌展銷會、同人誌即售會、同人誌販售會,簡稱同人展),是同人界的參與者(不論是個人或是同人社團)直接販賣自己創作的同人誌,並與讀者作出交流的展覽會。除了書

籍之外，同人創作的遊戲軟體、音樂CD、歌詞、素描等，亦可能在會場販售或發布。同時，即賣會場內亦可能有與動漫畫關係較密切的流行文化之活動，如Cosplay或娃娃擺設等。

[4] 耽美（和製英語：Boy's Love，縮寫：BL），是指描寫男性間的戀愛的創作類型，包括漫畫、動畫、輕小說、廣播劇、電子遊戲、Cosplay等。一般專指日本或受日本影響的作品，而不包括源自華人社會或西方國家的同志文學或其他男同性戀作品。

[5] 病嬌（日語：ヤンデレ Yandere），也稱黑嬌或音譯作養得累，是人物性格的名詞之一，由病態（病んでる）和嬌羞（デレ）兩詞所構成的合成語，廣義的解釋是人物處於精神疾病的狀態下和其他人發展出愛情的樣子。另一方面，狹義的解釋是在對異性或同性，甚至是物體有好感而處於嬌羞的狀態下得到精神疾病的樣子。不過其定義在不斷的輾轉下，依據使用者的不同而常常衍生出不同的意思。

【講者簡介】

魏與晟

- ‧諮商心理師
- ‧臺灣精神分析學會會員
- ‧臺灣精神分析學會推薦心理治療師
- ‧曾任松德院區諮商心理實習計畫主持
- ‧曾任臺北市聯合醫院松德院區諮商心理師
- ‧國立臺北教育大學心理與諮商研究所碩士

5 迷路時記得呼喚我：徬徨在成人與小孩，或男性與女性之間的路口

王明智

> 死亡是最極致的快感，所以人們留到最後享受。
> ——街頭塗鴉

之一、暴風雨

說起青春期，在我腦海總會浮現電影《85年夏天》開場的那場暴風雨。

16歲的哈爾閒來無事，跟忙著泡妞的朋友借來帆船，一個人揚帆出海，正沉浸在風清水靜，海天一色時，不遠處忽然黑雲罩頂，暴風雨倏地逼近。

哈爾在慌亂中不知如何操作風帆，導致船身翻覆。千鈞一髮之際，巴瑞從不遠處身手矯捷地揚帆而來，解救哈爾。

當薩所羅蘭決定談兒童青少年這個主題時，暴風雨的影像就盤旋在我腦中，彷彿我也置身其中。同時我就在想，災難現場哈爾正經歷甚麼？巴瑞又如何發

現他？他們如何看待彼此？

　　我們常說，會談的第一個夢有多重要，幾乎會為這個治療定調。而電影開場的暴風雨，也為這個青少年成長故事定調，爾後不過是此主題的變奏與延伸。

　　讓我再繞遠一點，先回到小說的鋪陳。《85年夏天》改編自小說《在我墳上起舞》，小說開頭描繪哈爾一家人從都市搬到濱海小鎮，小鎮生活百無聊賴，哈爾最大的煩惱就是中學畢業要做甚麼？升學或就業？伴隨著這個煩惱，就是哈爾對於死亡的好奇與著迷，還有與這個謎題並行的，想要找到一個生死相許的朋友。

　　在他與家人一起到墓園祭拜時，他感到震撼：

　　我站在那裡，望著這張死屍橫陳的床榻，我突然想：有人躺在那底下。那些跟我有關係的人。我在腦海裡看見一幅圖像，在時間之中，好長一列死屍在我之前延伸，死屍行列的另一邊，還有其他延伸；這些人我都不認識，但他們都屬於這條羅賓森隊伍。我咯咯笑了。大家都非常肅穆，我媽瞪著我。她以為我要讓她難堪了。但是，我並不是因為覺得有什麼好笑才笑出聲。我笑，是因為突然被時間的永恆性震懾了。把永恆的時間填滿的，並不是分秒時日年月，而是人，人的生命，一條接著一條，來自四面八方。數以千百萬計。在時間之中，這些生命不只向後延伸，同

時也橫向穿越，並且朝未來前進。全世界各個地方的時間，永遠永遠，都是以人作為衡量基準。**我笑了起來，因為這太沉重了：所有的時間；所有那些人。我的腦袋無法理解，但是我知道時間在那裡。那些人都在那裡。真實不虛。我可以感覺得到。**

我唸出那些名字與年齡，我一直在想：在這裡的每一個人，必定曾經活過，必定曾經跟我一樣有所思、有所感。**那時，他們在自己的血肉裡面，就像此時，我在我自己的血肉裡面，他們從自身血肉之內向外探看，看見其他人也從自身血肉之內回望。然後有一天，他們不在自己的血肉裡面了，再也沒有了。他們死了。這就是死掉的意思嗎？**……其中一個墓碑刻著：死時兩歲三個月。只有幼童才會標示年齡的月數，好像這對小孩子來說很重要，長大之後再也無關緊要了。

哈爾在墓園感受到的震攝，讓我想到電影《靈魂急轉彎》。死者從中陰狀態被引渡至涅槃的永恆階梯，畫面上呈現的階梯通往無垠的銀河，個體在其中瞥見自身的渺小與寰宇之浩瀚。

對精神分析來說，何謂永恆？永恆就是生命與死亡。生之震撼呈現在原初場景的創傷與解謎過程中；而死亡，除了衰老與病死之外，尚有精神的死亡，但那是甚麼？

哈爾在墳場感受到的死亡，是一種永恆的死亡，如同哈爾所思，一列列漫長無止盡的軀殼橫亙在時間之流裡，我們參與了這個浩瀚的隊伍，因此也沒有死去。但也因其浩瀚，渺小的個體如何經驗此種浩瀚？對於主體而言的確是個難題。

哈爾在最後注意到幼童的死亡才會標示出年齡的月數，似乎在暗喻著，對於邁入青春期的他而言，或許就是兒童期的死亡。但這是哪一種死亡呢？

經歷了漫長的潛伏期，性本能的力量復甦對哈爾而言，或許就像開場所經歷的暴風雨。

對於天真爛漫的哈爾而言，哪會料到平靜無波的海面突然掀起巨浪，全然無準備的自己終究翻覆而差點滅頂，我們從天真無邪的兒童陡然被翻攪進本能的暴風雨中，其中有著異常原始的伊底帕斯誘惑、閹割焦慮、以及多形多變的嬰兒性特質，更別說外在世界期許我們長大，諸多成長任務尚待克服。面臨多重挑戰的青少年，可以存活尚屬不易，更別說要開啟人生道路。

之二、夏天夜晚的尋覓

回想我們自己的青春期，可有前哨兵，捎來暴風雨的訊息？

其實我們並非如此幸運，在網路尚未發跡的世代，升學主義壓得透不過氣，應該沒有餘裕感知或者應付本能的風暴。

現在回想起來也才明瞭，何以高中夏天的夜晚，濱海小城的天空，總會瀰漫著莫名燃燒的氣味？爲何總是待不住家裡？也無法專心讀書。

心煩意亂的時候，總會騎著單車，繞行於大街小巷，徬徨莫名，不知道在尋找甚麼？

後來才慢慢明瞭，那是本能在體內燃燒。

談起這段往事，會以海嘯形容青春期的本能力量；許多人慘遭滅頂，更多人則是掙扎求生，被海嘯沖來刷去。

有些人被沖到東，有些人被沖到西，有些人沖到哪裡就地安生立命，有些人不滿所在地，還蠢蠢欲動。

還有些人則納悶著自己，爲什麼會被沖到異地？擺脫不了濃濃的鄉愁，希望可以回家。

當我們面對永恆力量，每個人都有自己活下來的方式，故事中的哈爾讓自己活下來的解方就是，**找到靈魂伴侶**。

懵懂無知的哈爾，在尋找靈魂伴侶的路上跌跌撞撞，總是遇到些怪異且合不來的朋友，很快也就無疾而終。直到他看到電視播映兩位主角歃血爲盟：

他們當場以亞瑟王的劍石磨利一把割草刀，各自在手上劃破一道口子，然後，他們手握著手，傷口貼著傷口，血水交融，一面吟誦著莊嚴的誓詞，一面深深凝望彼此的眼睛。之後，他們其中一個這麼說：「那麼，我們永遠都是心胸相連的朋友。」……對我造成衝擊的，倒也不全然是「心胸相連」這四個字，而是它背後的概念。貫穿這四個字的概念，是打從我有記憶以來就想要的東西：一個徹頭徹尾，毫無保留，我只為你，你只為我，完全忠實，永遠都在身邊的朋友。……像一道心靈閃電劈過，帶來驚人的明亮，啊哈！所以其他人也想擁有這樣的朋友！我並不孤單，我一定是這麼想著吧。在什麼地方，有一個人正在找我，就像我在找他一樣。那個帶著滿滿一整罐魔豆的男孩。

這段文字對靈魂伴侶的描寫，非常生動地捕捉了情竇初開的少年同性戀幻想。非常貼近的合一感受，像是尋回另一個理想化的自己，偷渡了早期母嬰融合的經驗。

那時候的幻覺還沒有母親，只有母嬰聯合體，而這種幻覺是嬰兒性特質幸福的起源。這個被理想化的幻想，遮蔽了成長路途，母嬰所要經歷的種種挑戰：母親的挫折與缺席、手足出生、父親閹割、失落與憂鬱，吞沒與焦慮、攻擊與罪咎……

青春期性本能的復甦，會把上述的種種感覺一股腦地翻攪上來，主體會經驗到絕命般的驚恐，因此將本能的目標從父母身上移開，轉向另一個人，就顯得刻不容緩。

　　因為要處理的議題太多，情緒張力也大，此時關於靈魂伴侶的信仰就能產生救贖。因為他讓我們把自戀的客體（自體客體）理想化，同時也把自己理想化。青少年是理想的信仰者，透過拔高的理想長出的翅膀，將自己帶離鋪天蓋地的暴風雨。

　　故事中不斷出現的魔豆罐子，哈爾在尋找靈魂伴侶的過程中都會自問：他是一個擁有魔豆罐子的男孩嗎？

　　魔豆罐子不禁會讓我想到《傑克魔豆》的童話，故事中的魔豆化為天梯，上頭有無盡寶藏。

　　除了全能自大的幻想之外，這無疑也是性的象徵，像是性本能的驟然爆發，使我們感覺自身有無窮無盡的力量。

　　當然魔豆罐子／靈魂伴侶往往也會在「大寫的他者」中找到，這也是青少年成群結黨，甚至加入幫派的原因，故事中有一段即是描寫兩位主角與幫派械鬥的過程。

　　耍流氓、手來腳去裝哥兒們。一幫人逞凶鬥狠氣焰更囂張。惹是生非讓心癢癢的，好刺激。招惹警察

帶來危險的滿足感。我全都感受到了，發生的當下我就知道這些眉眉角角。我也知道這些幫派小子為什麼這麼做。這是他們逃離現實的出口。他們尋找夥伴的方法。這是他們的魔豆罐子。他們的同在一起。他們不敢以其他方式說出來，或表現出來。當我們在那裡雞貓子鬼叫的時候，我感受到其中的悲哀。

青少年混幫派要逃離的是哪種現實呢？剛好跟全然被理想化的靈魂伴侶對照來看，呈現出一種虛假的分裂；一邊是極度被理想化的客體，另一邊則是反映出充滿血腥暴力的客體，兩者缺一不可。無論如何，青少年真正要逃離的，應該就是本能復甦帶來的伊底帕斯衝突。這才是青春期最大的成長難題。

Julia Kristeva(2007)在〈Adolescence, a Syndrome of Ideality〉一文中指出，青少年是愛欲的客體關係信仰者，羅密歐與茱麗葉就是最好的例子。但也因為施受虐是驅力或慾望的本質，因此被理想化的客體信仰時時受到威脅。熱情洋溢之後往往是接二連三的失望、抑鬱、自殺，或是更為退行的軀體化症狀，如厭食等，甚至，有些人被政客收編，成為「神風特工隊症候群」的炸彈自殺客。

這種從理想化剎那間跌落到憂鬱的深谷，我們是不是很熟悉？而小說中的巴瑞就是典型代表。

之三、徬徨在十字路口

其實故事一開始十字路口的意象已然浮現，哈爾的好哥們史派克性感噴發，活像個行走的費洛蒙，卻對其魅力渾然不覺。那天哈爾百無聊賴，不知怎麼打發時間，更確切來說也是不知道何去何從，史派克忙則於考試無暇他顧，因此哈爾向史派克借了帆船，單獨駛向海灣。

電影對此場景略有更動，史派克變得非常具有性意識，忙著泡妞無暇陪哈爾，哈爾悻悻然向他借了船單獨出海。電影中的史派克從潛伏期縱身躍向青春期，而哈爾則像個潛伏期的小孩，對於即將發生的事渾然不覺。

開場的設定讓人不經聯想到原初場景，爸爸忙著跟媽媽性交，享受永恆的性愛歡愉，對孩子無暇他顧。此一父母聯合客體，不再是餵養的客體，轉身變成怠忽職守的父母。感覺被排除的孩子就駕船（陽具？）離去，開始自己的冒險，轉身尋找新客體：對哈爾而言就是歃血為盟的靈魂伴侶。

我們常在青少年成長故事中看見父母的消失（神隱少女，哈利波特，納尼爾傳奇），孩子有千百個理由離開父母，常見的理由是為了逃離伊底帕斯的父母。對於性本能復甦，幻想極可能成真的小孩與父母

親密威脅甚鉅。

誘惑的父母以巴瑞的母親爲代表，場景發生在巴瑞帶翻船的哈爾回家，葛曼太太招呼哈爾盥洗：

葛曼太太笑了，那是一記高八度的音符從希臘眾神的牆上彈跳而下。「你以為我還不知道你們男孩子的那點事兒！」她說著抓起我的T恤，一把往上拉。「我啊，都為人妻為人母了。你跟我家巴比一樣壞。你知道他現在洗澡還鎖門呢？」「葛曼太太……」我出聲抗議，掙扎著不讓她扒光我的軀體，結果自己糾扭成一團，反倒讓她狠狠地將我的上衣往上扯，卡住我的頭手，連我要說的話也硬生生被卡掉。「把自己的母親鎖在門外！你相信嗎？我跟他說，你以為你身上有什麼特別的玩意兒能瞞得過我，你自己的媽？」她又開始用力拽。我的上衣脫離了我的喉嚨，卡在鼻子底下。「我把你帶到這個世界來，我跟他說。你現在身上有的，那時早就有了，什麼也沒多長出來。每樣東西都還是原來的，只是變大了。」她再度大笑，並且發動最後一擊，終於扒掉了我的上衣。……

「放輕鬆吧。」巴瑞說。「我聽說你需要熱茶療癒，就在樓梯口攔截她。」「都不知道哪一件事比較慘，」我說，「在海上翻船，還是被你媽勾勾纏。」「就我個人而言，」巴瑞大笑，「任何時候我都寧可選擇翻船。」

葛曼太太甫喪夫一年，母子生活剛恢復不久，看似開朗嘻打笑鬧的背後，藏著揮不去的陰鬱。

　　巴瑞向哈爾談起自己因父親過世，希望可以繼承家業照顧母親而放棄英國文學班，讓奧茲朋老師失望不已。巴瑞繼承父親的興趣經營唱片行，可以看見他對父親的認同，面對誘惑的母親，會不會更激起弒父幻想的罪惡感，讓這位少年的成長中斷。

　　葛曼太太眼中的巴瑞鬱鬱寡歡，夜夜笙歌。似乎一面逃離罪惡感，一面又擺脫不了它的糾纏，彷彿某部分已隨著父親死去，沉入黑暗之中。

　　「……我從來不覺得我在飆車。我感覺速度就在前面不遠的地方，而我正追著它跑。卻老是追不上。於是我就越騎越快，想要抓住它。因為速度永遠在前面，永遠跟我保持同樣的距離，所以我從來不覺得自己在飆車。或者越飆越快。」沉默。我抓抓臉頰。「會怎麼樣呢？」我說。「如果你終於追上它？」他聳聳肩，眼神飄開。「我作過這樣的夢。像是在一個隱形泡泡裡面，或某種力場。它能把我帶到任何地方，任何一個地方，一秒瞬間。感覺很奇怪。我知道我在移動，卻毫不費力，沒有雜音，或是震動什麼的。也沒有危險。整個過程體驗太讚了。我什麼都不想做，只想一直待在那個能量泡泡裡。永遠。」

　　泡泡的夢讓人感到全能的安全與平靜，但也帶著

一絲驚悚。哈爾對巴瑞的詰問，不禁讓人想到泡泡被戳破的瞬間。巴瑞的父親是怎麼死的？意外身亡？讓這對母子完全來不及準備？

巴瑞所追逐的速度，像是在狂歡中追逐死亡，希望可以眼前的速度保持距離，像是透過飆車試圖去控制父親的死。也像佛洛伊德的孫子透過線軸遊戲去控制母親的死亡般。

這裡有困難的哀悼工作，在尚未準備好面對時，想要逃離是可以理解且深深同情的。

面對無常，泡泡象徵著一種退行至被保護的嬰兒狀態之渴望。失去可以引導保護我們的客體，或許還可以把自己遁入與世隔絕的小世界中。那裡沒有人可以傷害我們。有時候，這個小世界就是我們的興趣，也是很多青少年所發展出來，對事物的著迷，有時候是偶像，有時候是動漫，有時候是幫派，有時候是性愛或毒品。這種逃離最極致的便是死亡。

然而這般虛無的逃離，終究還是躲不過。一回倫敦看哈姆雷特，巴瑞望見一位女人爆哭，她的朋友為此尷尬萬分，當時只有巴瑞過去安慰這位女子。事後巴瑞跟哈爾說：

「記得，這個真的好難。」我不知道他意有何指，於是並不答腔。又走了一小段，他看了我一眼，知道我一頭霧水，他說：「讓哈姆雷特困擾的事。他

父親的鬼魂跟他說：『記得我。』他記不得了，你知道。所以他的罪惡感才會這麼強。為什麼他要把父親的畫像掛在脖子上：作為提醒。為什麼他要強迫自己的母親看。因為他說他的母親已經忘了他的父親。其實，他說的是自己。是他的罪咎感把自己逼瘋了，不是他的母親跟他的叔父亂搞。」

「這就是剛才那個女人哭泣的原因，我想，」他說，「她懂。你沒辦法一直記得，但你認為你應該。我是說，你以一種方式記得。卻怎麼也想不起來那張臉，然後，這件事不再讓你覺得火大，然後你開始有罪惡感。」這時，我當然知道他在說他自己跟他的父親。我不知道該說什麼。他看著我，笑了，演出那個正常版、熟悉版的巴瑞。「記得我！」他說，用那天晚上戲裡的鬼魂的聲音。但是，我同時也知道他是認真的，這句話是衝著我說的。「發誓吧！」他說，仍然是哈姆雷特父親的鬼魂。

之四、阻抗也是一種面對

面對生命的挑戰，如實地感受真相，從來都不是容易的事情，逃避（或說阻抗）真的是此情可憫。或者說，阻抗也是種面對。

佛洛伊德(1921)在〈移情的動力〉曾經用肉搏戰

形容分析師與病人潛意識的相遇，當潛意識這個主將逃離時，會派出小卒（移情或阻抗）加以抵擋。這個抵擋也是一種面對，實務工作提醒我們，千萬不要小看這個小卒。

每個人都會發展出獨特的阻抗形式，透過不同的方式去抵擋，但在抵擋的同時，也部分地面對。阻抗說明了個體的性格、歷史，以及與創傷周旋的暗地心事。

巴瑞透過繼承父業來彌補罪惡感，卻也無意將自己推向占有母親的寶座；玩弄感情，縱情聲色，說明了他對投入一份關係的恐懼；周旋於男女之間，彷彿回到最初的渴望，連男女性別（或者男女客體）都可以不要選擇，拒絕了最初的創傷，也不用面對隨後一連串的失去。

在海中救援哈爾，在街上保護醉漢，不斷地重覆著拯救的行動，藉此安撫著自己驟失父親飽受驚嚇的心；飆車看似無懼死亡，卻像是追逐著死去父親幻影，一方面嘲諷著死亡，一方面卻像要投向死亡的懷抱，期待可以被死亡的父親擁抱。

巴瑞是在看《哈姆雷特》時阻抗潰堤的，一開始還沒意識到心中某個角落的崩解，直到注意到那個哭泣的女士，才回收破碎的部分自體。

哈姆雷特的父親被叔叔殺害，父親的鬼魂請求

哈姆雷特復仇。哈姆雷特這個故事最令人驚心動魄之處，便是一個高貴且心智正常的王子，因為復仇，或者說潛意識衝突，逐步走向瘋狂的過程，這正是巴瑞的寫照。

當巴瑞模仿哈姆雷特父親的鬼魂對哈爾說：「記得我！」此時巴瑞已然認同死去的父親，這個經典的場景簡直是佛洛伊德〈哀悼與憂鬱〉的名句再現：「當客體的影子落在自我身上……」

結果自我認同了失落的客體，它自己變成了被放棄客體的影子，成為其中空分身，並成為冷酷超我迫害的目標。

（註：兒童的分離工作，尚－克勞德‧亞富尤，林淑芬，楊明敏翻譯）

面對阻抗，我們並非要與之決一死戰，而是要懂得與其周旋，讀出暗藏心事是很重要的，可以與阻抗共舞卻不與其共謀，需要的便是更多的想像：

佛洛依德在〈回憶、重複與修通〉提到，個案不是以回憶、而是以行為的形式重演他所忘記之事，在這個過程中，自己對所忘之事的思維與此事一同缺席；與外界、與人的關係成為一個行動的失憶，只有行為且行為者未能意義、渾然不覺，如先前描述負片的概念，憂鬱使用看得見、感受得到的行為與感官，

抹除了應該存在的思維與記憶；於其中，我們只能參與這場失憶，否則便是被視為否定這場劇碼而完全被排除在外。憂鬱到底想被忽略還是看見？……

　　放棄所有情緒與欲望，或是努力找尋解方與答案，這兩種企圖都是難以動搖的，像是這些「阻抗」後面都有強大的力量。在法國精神分析師米榭‧葛里賓斯基的《不完美的分離》裡提到，有一種阻抗，關係著內在現實與外在現實之間的界限，不輕易退場，否則就像是揉合了這兩者，製造像是白晝的噩夢；此處阻抗就像個體，強而有力地活著，而它的退場便猶如本人的死亡。這也說明不是要當事者平靜不要做任何事就會好了，安靜下來的死寂可能是更恐怖的情境，這使得焦慮和掛心於某事變得很重要。就好像前面所提到觀影時對於不適的緩衝措施，溫尼考特觀察到，嬰兒可以將愛與恨轉交由吸吮手指、咬指甲，藉此他得於潛意識面對——象徵著失去對客體控制的幻想——對外在客體的愛的挫折，以及挫折可能帶來的恨意與毀滅，藉此達到保存外在客體的需要。

　　（取自陳建佑，驚悚末日：憂鬱的心聲如何拐彎抹角說自己？）

　　陳建佑醫師富於哲思的文字讓人咀嚼再三，印象深刻的是，阻抗關乎著內在現實與外在現實的界限，

或者說，阻抗像是一道屏障，讓主體的內在現實不會漫溢到外在現實；值得注意的是，主體藉由行動，在失憶的同時，卻把外在現實活成內在現實，只是他渾然不知罷了。

這也可以算是一種主體的分裂，藉由阻抗區隔內外現實，外在現實已經活成國王的衣不蔽體，內在現實卻堅持國王仍穿著新衣。此種華麗的幻覺需要透過不假思索的展演完成，主體如此努力地堅持著自己對幻覺的詮釋權，嘔心瀝血，這般生命藝術是創作一個讓自己得以存活下來的顯夢版本。好不讓隱夢血淋淋浮現，人生驟然活成「白晝的噩夢」。

身為治療師，我們要思考的是，怎麼陪伴阻抗的主體？是要強行推倒阻抗的高牆，還是要欣賞主體展演的幻覺藝術？再透過對藝術的思考與解讀，一點一點地任其幻滅，陪伴個案逐漸清醒的過程，卻不讓其發現。

背後需要的是讓內外現實同時並存於心，又同時可以想像心智運作的技藝。如何在治療現場扶持內外現實的界限，又可以與個案帶來現場夢一般的幻覺工作，鍛鍊心智器官，使欲力重新調配，更符合發展的需求。

之五、成人之美

　　《在我墳上起舞》作者的文筆絕美，運用不同的文學形式逼近心靈真實，書中最精彩的部分是哈爾透過文字創作，克服了憂鬱。難能可貴的是，哈爾不僅對抗失落，也對抗死亡，還有對抗死亡的選擇。因此最後他走向一條與巴瑞截然不同的道路。

　　他的哀悼就是藉由書寫，把欲力逐漸從巴瑞身上移開，寫作某種程度滿足了他的全能感，卻以昇華之姿完成。最後哈爾活下來了，可說是書寫拯救了他。

　　關於哈爾一直在詰問的，有關死亡的問題，到底這個死亡指的是什麼？或許代表兒童期的死亡？代表什麼東西結束？什麼東西能夠再度往前嗎？還是如同哈爾最後所言，他寫下的是有關昔日之我的死亡之書。

　　限於篇幅這個部分不是本文要處裡的重點，如果對這個主題有興趣，建議大家買中譯本來看，裡頭有詳實的介紹。

　　最後一部分我要說的是，面對充滿挑戰與阻抗的青少年（通常是非自願案主），治療師可以擁有甚麼樣的姿態，讓自己更有餘裕地思考與工作。

　　現在，如果我在這個悖論上是對的，那麼研究嬰兒與母親的關係本質就是有趣的，在這篇論文我稱

之為自我關聯。可以看出我非常重視這種關聯，因為它是建立友誼的基礎，並且可以轉變成移情的型態。特別重視自我關聯還有更進一步的原因，為了說明清楚，我必須離開一下。

我想大家普遍同意，只有當原我衝動被包含在自我的生命力中，才有其意義。原我衝動要麼破壞脆弱的自我，要麼使其強大。可以說，當原我關聯在自我關聯的框架中發生時，就可以強壯自我。如果這一點可以被接受，那麼就可以理解單獨能力的重要性。嬰兒只有在獨自一人時（也就是說，在某人臨在的陪伴下）才能發現屬於自己的個人生命力。病態的選擇建立在回應外在刺激的虛假生命。就我使用單獨這個詞的意義來說，只有單獨，嬰兒才能像成年人一般，進行著諸如放鬆的事情。能夠變得不整合，顢頇爬行，處於沒有定向的狀態。能夠存在一段時間，不做外在介入的回應者，或者忙於被興趣或動機所分心。這是一個專屬原我體驗的階段。隨著時間流逝，感官或衝動升起。在這種設置中，感官或衝動可以被真正地感受到，是真實的個人體驗。

Winnicott(1958)這段文字也提到本能力量之強大足以破壞脆弱的自我，這件事情正是青春期的寫照。因此原我關聯必須在自我關聯的框架中發生，才

可以強壯自我。如果自我關聯重視現實原則（無論是外在現實還是內在現實），那麼就要長出一雙足以旁觀的眼睛看著一切發生，願意靜默地陪伴著原我自在地伸展，才有可能去探尋主體與現實的邊界。

自我關聯的這雙眼睛要長出來，端賴客體可以臨在，給原我一個允許，在時間之流裡去經驗當下的真實；「變得不整合，顛頊爬行，處於沒有定向的狀態，不做外在介入的回應者，或者忙於被內在刺激分心。」Winnicott這段描述像極了在治療師的陪伴下，自由聯想得以發生的時刻。

然而，青少年階段同時有客體移除的需求，所以治療師的臨在就特別需要把「單獨」這個選項考量在內。這種單獨又不是全然地孤絕，是需要有客體的臨在。

故事中的社工具有與哈爾會談蒐集法庭資料的任務，然而從司法系統轉介進來的哈爾，作為一個搗毀墳墓的罪犯，離故事真相還有好長一段距離。更重要的是哈爾經歷巴瑞的情感背叛，與其爭吵後巴瑞驟逝，就連哈爾也搞不懂自己到底經歷了甚麼？更別說巴瑞透過自殺把自己對父親的罪惡迴射給哈爾，被丟失的哈爾得去解開巴瑞未解的難題。單單想像這些難題，再加上八零年代同志藏身衣櫃的壓力，就可以理解哈爾對於搗毀墓地一事只想保持沉默。

還好社工被英文教師奧斯朋說服，珍視哈爾獨處的價值，在法院介入調查時，還願意依循著哈爾內心的節奏，予其一段獨處的時間，好接觸自己內在衝動（甚或衝突），允許自己以不同的方式耍廢，甚至在奧斯朋的鼓勵下開始書寫，哈爾甚至採用了各種不同風格與形式的書寫方式。就像Winnicott說的，允許主角沒有定向感，不用整合，不用忙於回應外在要求，隨意地顱頂爬行。

　　有趣的是，哈爾開始準備面對自己的創傷，主要是去找事件的關係者卡莉（也就是巴瑞出軌的女孩）訴說。卡莉一部分是事件關係人，另一部分作為事件的見證者與傾聽者。又沒有涉入事件這麼深，她跟哈爾與巴瑞剛認識不久，對兩人皆有好感，甚至還不知道哈爾與巴瑞的戀愛關係。這個一腳涉入關係另一腳在關係外聆聽的卡莉，像極了被個案的移情邀請進來的治療師，某部分涉入其中，某部分又置身事外去觀察與思考。

　　面對非自願案主，治療師的角色像是從妄想分裂狀態的社工角色，逐漸地挪動到部分涉入其中的卡莉角色。重要的是，自我關連一直是社工重要的技藝。

　　或許非自願案主甚麼都不說，但是我們身處在拒絕我們的關係中，如果可以允許自己去經驗這種被恨、被排除的質地，或許有機會去體驗背後暗藏的心

事，讓故事腳本慢慢上演。

　　此中，移情就是最好的中介者，讓內在現實與外在現實得以交會並且交流，透過治療師的角色，還有被激起的感覺，在穩定的治療架構下，這樣的交會得以有舞台上演，演員是個案與治療師，編劇是個案，導演是治療師；如此溝通交流，讓這樣的過程立體起來，顯現出無窮的意義。

　　對於青少年個案，莫名地不希望治療師介入，卻把治療師拉進一場戲碼，背後的心事，或許就是那個在想像中涉入太多，太迫近，卻又莫名地太遙遠，以至於不在場，甚或聽不懂或相應不理的大人們。

參考文獻：

1. 艾登・錢伯斯(2020)。在我墳上起舞。台北：小魯文化。
2. 法蘭索瓦・歐容(2020)。85年夏天。好威映象。
3. Kristeva, J.(2007). Adolescence, a Syndrome of Ideality. Psychoanal. Rev., 94(5):715-725.
4. 陳建佑(2020)。驚悚末日：憂鬱的心聲如何拐彎抹角說自己。台北：憂鬱三部曲工作坊。
5. 尚-克勞德・亞富尤(2007)。當影子成形。台北：記憶工程股份有限公司。

6. Winnicott, D.W.(1958). The Capacity to be Alone. Int. J. Psycho-Anal., 39:416-420.

7. Freud, S.(1917) Mourning and Melancholia. The Standard Edition of the Complete Psychological Works of Sigmund Freud 14:237-258

8. Freud, S.(1912) The Dynamics of Transference. The Standard Edition of the Complete Psychological Works of Sigmund Freud 12:97-108

【講者簡介】
王明智

- 諮商心理師
- 小隱心理諮商所所長
- 臺灣精神分析學會會員
- 臺灣精神分析學會推薦精神分析取向心理治療師
- 松德院區《思想起心理治療中心》心理治療督導

6 影子揮手說再見：誰來告訴我，淚水是我還是誰？

陳建佑

在工作坊的過程，引用了韓劇《雖然是精神病但沒關係》中的童話插畫女作家，主角高文英的其中一本繪本《殭屍小孩》以及工作坊參與者事先提供的臨床片段作為素材；在此將不會全數引用繪本內容，臨床片段也會稍作調整。而文章段落的標題，則是取材於英國精神分析師與兒科醫師溫尼考特在〈論獨處的能力〉這篇文章中，提到的幾個嬰兒在自我發展的不同階段，如同在這個尋找「我」或者「淚水」是誰的過程中，先看到路標再往下找找。

「我是」：我與外在

以自己幾乎所有的時間與精力來養育自己的孩子，猶如自己的生命被掏空，應該是許多母親在養育孩子初期，深刻感覺到的。就像《殭屍小孩》中的母親把象徵著生命的軀體都給了出去，那更顯得哀傷又感人；難道養育孩子真的只能如此、為何非得如此？

孩子自己若是知道這個狀況，他會同意還是會有不同意見？在長大的過程，孩子能以什麼樣的方式回應母親，他自己要的是什麼？這些問題，還需要孩子的主體性的形成才有辦法提出，也就是以「我」為出發點，來看待母親與世界。

身為小兒科醫師和精神分析師的溫尼考特，在工作裡看著數以萬計的母親抱著嬰孩，對於嬰孩肢體語言和反應的觀察及想像，使他在〈獨處的能力／The Capacity to Be Alone〉這篇文章中，以「I」到「I am」、再到「I am Alone」作為描述嬰兒主體發展獨處能力的過程。這個過程非常早就發生，並且需要母親在一旁對嬰兒尚未成形的自我的支持，使嬰兒得以逐漸讓這樣的支持能力納為己用，並逐漸減少對母親或可以象徵母親的物體的需要。

「I」的階段指的是情感的成長（emotional growth），於內在世界開始有情緒感受並且逐漸整合，但人格與自我尚未成形，更不用說有外在的概念。「I am」來到了個體成長（individual growth）的階段，未能抵禦外在世界、脆弱且容易偏執的（亦即，面對真實世界仍有許多陌生的感受與經驗，導致自我容易感覺不安，因為陷入一種「世界是危險、有害」的情境）；雖然這是很讓人挫折的狀態，但嬰兒要能發展到這個階段，說明了母親曾提供保護性的環

境，這時間或長或短，都是由母親一定程度地透過認同自己的孩子，全神貫注地滿足他所塑造的。雖然這件事尚未被標準化，也可能引來我們自己的疑問「精神分析取向的治療者真的要做到這種程度，才能有療效嗎？」就如前述主體發展獨處能力的過程，看起來雖不難裡解，但在實務作法上卻未必容易，這意味在這些作為路標的理論架構之間，還有各種錯綜複雜的路需要探索。

這種成長的道路是有母親陪伴的，還是孤獨的？溫尼考特認為，孤獨／獨處的能力是基於一種經驗的成功——於他者在場的時候獨處：嬰兒脆弱的自我組織，藉由他人可靠的自我支持而「能夠獨處」。這樣的保護環境，所帶來孩子的獨處能力，是比我們一般說「人能夠享受自己一人的時刻」還要有更多的意涵可以討論；如名字般，像是父母給予孩子的禮物，能夠區分自己與外在、在世界中辨別自己。

我們遇見了一個來訪的孩子，有時他穿著的制服上繡的不是他的名字，是因為家裡經濟條件不好？或者照顧者沒有提供足夠的關注，使他的制服上無法總是出現他的名字？除了考慮這些外在現實，孩子似乎沒那麼在意這件事，他行走在世界裡已經十五年了，好像每一個出現在制服上不一樣的名字都是一樣的，那個象徵著父母親與他的第一份關聯，在他看來，沒

有那麼特別。

　　他與這個名字——或者說，那個保護性的環境——的距離十分遙遠，同時我們感覺與他的距離也十分遙遠，孩子不太愛去學校，為了躲避學校老師來訪，他甚至會躲到公園去。只是好像那麼遠的地方還有什麼，使得他身邊的人，我們、輔導教師、社工師無法視而不見；但是我們這些人想要給予的，卻像是不好吃的食物，難以下嚥，如他在談話時的沉默，像是我們的話語索然無味，而他真正想要吃的，在遙遠的地方。我們好奇，要如何接近那裡，發現到底有什麼是吸引他的？這時候我們想到：孩子的主體能否決定他對食物的喜好？還是母親早年的餵養，會讓孩子別無選擇地被他所吞下的那些決定？

「我是誰」——他人與我

　　孩子覺得自己是一隻變種龜，頭是豬、身體是烏龜，這讓他與其他烏龜格格不入；如果在池塘裡，其他烏龜在岸邊曬太陽，自己會躲在池底憋氣憋到迷迷茫茫。他說「我們這種人……」就好像要把自己與我們非常用力地區隔開來，像是他說他總是趁家人外出時，把門關起來，讓家訪老師不能進來。把門關起來，也還有可能是讓自己不要出去、或者想持續把媽

媽關在門外？媽媽跟老師一樣，只是媽媽早在五、六年前就已經在門外、離開這個家了。但是他不只一次提到，他知道媽媽在哪裡，只是不能讓爸爸知道，那就也像是說，他心裡記得、甚至媽媽就在他心裡，因為爸爸的緣故，不能出門找她。那麼當初他心裡的媽媽是怎麼進到門內，並且這幾年還有辦法留在那裡？

法國精神分析師 Maria Torok 在〈哀悼病與精緻屍體的幻想／The Illness of Mourning and the Fantasy of the Exquisite Corpse〉一篇文章中，整理了 Sandor Ferenczi 在〈論內攝的定義／On the Definition of Introjection（1912）〉一文的對內攝（introjection）的說法：「對 Ferenczi 而言，內攝賦予客體或治療師接觸／調節潛意識的角色，在『自戀與客觀現實』之間、在自體或異體（hetero-）情慾之間來回擺盪，內攝將本能的暗欲轉換為欲望與幻想，讓他們獲得名字以及存在的權利。

Ferenczi 接著說『原則上，人能愛的只有自己，若他愛著一個客體，那麼他是將之納入他的自我。對於所有這種幫助自我成長的事物，包括被自我所愛而納入的客體，我都使用『內攝』一詞。如前所述，我將所有移情到客體上的機制（即各種客體愛）視為自我的延伸』。」提出三個內攝涵括的概念：

1. 是一種自體性欲（auto-erotism）所興的延

伸，2. 透過移除潛抑以拓展自我，3. 將客體納入自我之中，藉此達到自體性慾延伸至外在世界的目的。

　　Maria Torok認為內攝是一個藉由與客體的接觸，將潛意識（之中，客體所能再現的欲望）納入自我的過程。雖然客體失落會遏止這個過程，但內攝並非對失落的彌補，而是促使自我成長——它將潛意識中無名且被潛抑的驅力介紹給自我，因此拓展並豐富自我。這個歷程並非被一般所認知的是「把客體攝入」，而是把全部被客體所引發的驅力都攝入。（p.393）

　　客體僅是在驅力內攝的過程中，扮演自我與潛意識的中介者，而非本能饜足的主角——自我將潛意識驅力內攝的過程猶如一趟旅程，我們需要交通工具來抵達，但獲得交通工具並非我們的目標。然而客體在自我發展的過程中，因為它帶著內攝的可能，容易被強烈地灌注欲望——這是童年與治療室的移情中，體現出的熱情愛（passionate love）。然而若客體在參與內攝的過程死亡／失落了，那麼哀悼的本質就會充當客體的角色，直到順利度過哀悼，這個欲望才能被內攝，使灌注在客體上的欲力能恢復並能再次為自我所用。要如何度過哀悼，是重要的事；而我們更需要關注的是，何以哀悼無法度過，自我持續處在抑鬱（melancholia）的狀態？以及抑鬱的種種樣

貌⋯⋯。

關於孩子制服上的各種名字，也有另一種可能
是，他感覺直到目前，都還沒有一個名字可以讓他感
到「這是父母給我的」因此他選擇把那個地方空下
來，等待哪一天有一個真正屬於他的名字——或者
說，父母親的愛——讓他可以繡在上面。但是等待會
有用嗎？在他的想像中，這個名字該如何向父母親
要？當他說他知道母親在哪裡，只是不能讓父親知道
的時候，如同告訴我們，他自己身處兩團迷霧之中，
一是來自父親，二是來自母親：為什麼不能讓父親知
道「自己知道母親在哪裡」？母親的所在地，以及還
在母親那裡的真正的名字，象徵著他未曾擁有的、使
他堅信會給他帶來生命力的事。因此記得母親的消息
也如同他試圖讓自己與母親一起活著。在他的想像
裡，父親應該是與母親的離開有關，否則怎麼自己會
感覺不能夠讓他知道，這個感覺就好像在說「如果父
親知道了，那麼母親就會連這點存在也會消失了。」
這會不會是父親的忌妒，是隨時可能讓他所擁有的消
失？這個問號是關於父親是否真的如此忌妒（但是他
怎麼確定那是忌妒？如果未曾有人告訴他⋯⋯），以
及為何他要如此忌妒？而他隱隱感覺，自己好像比父
親更有能力可以保護他，就像朋友互相幫忙一樣，雖
然他也不確定，自己跟父親的關係到底多近，離母親

的所在地到底多遠。

　　第二團迷霧則是他更難以想像的，在第一團迷霧中，他還能觀察父親的表情，以及他的行為這些外在線索，像在家裡沿著那條堆滿東西的小走道，蜿蜒地猜想父親的想法；但母親對他而言存在於那個地名，他當然想問母親為何離開，但在那之前他更想知道，在他小時候，相對於摔椅子的父親，她在打自己的時候，也是在生氣嗎？但為何母親要對自己生氣呢，母親的生氣是否與她的離開有關？若是有關，他感覺自己好像跟母親多了一些關聯，雖然我們問他，是否也對母親生氣？但更多時候他連生氣是什麼都不曉得了，只知道朋友們用台語罵人的時候，他也有類似的感覺。可是他為什麼要對母親生氣？他在氣什麼？這個問題他更不曉得該怎麼問起了。似乎得要先知道父親不會生氣，他才有可能前往找尋母親，也問問她，她是否也在生氣。但其實他想都不敢想的，是他不知道母親的生氣與離開，是否和他也有關；這個內心深處的問題，他只能用父親、用母親，以及他自己的疑問句把它包裝成祕密，因為他想都不敢想。

　　他在某次進治療室時，一直要把門關好，但都關不好；我們想著自己到底是在門內還是門外？那是否與前一次的談話提到了對母親的恨有關？那個早在門內的母親，象徵的是他對母親的感受、驅力，還是內

攝過程，因爲失落而中止的遺跡？

「是誰告訴我」——我很在意她，她讓我是「誰」

自我透過客體作爲介質，最終要納入潛意識驅力的過程，如同阿米巴透過僞足進食，得先把整個客體吞進來，但仍需要把它消化掉，以完成內攝；也像剛才引用文獻說明這個運作過程，是透過語言試著來幫助我們消化。但是尚未發展語言的嬰兒，該使用何種語言來理解與消化？是不是也要像養成孤獨的能力般，需要母親的自我完全被嬰兒所用、替嬰兒說話？然而母親要替嬰兒說話，是要能變成他，沒有自己，像溫尼考特說的「假裝」才能退到一旁地，扮演良好的協助角色。在這個生命初始的階段，母親先是全然支持嬰兒自我的角色，而後同時是被欲望的客體，若被嬰兒吞進來的不只是上述的功能，而還有其他東西，例如《殭屍小孩》故事裡村莊的災難，也可以看作是媽媽在現實中遇到的種種困境，讓她難以維持照顧嬰兒的品質，單純如經濟上的困境、與伴侶的溝通困難，複雜到她的情緒狀況，如 Andre Green 著名的〈死亡母親〉——一名在過去能夠妥善照顧嬰兒的母親，中間遭逢自己的失落：例如另一個孩子或母親的

親人離去，導致她的憂鬱，讓她無法再如往昔般照顧孩子——那樣物理性的身體在場，但情緒關注消失不再的變化，會給孩子帶來巨大的混亂與空洞不安，這是在孩子成年後，表現爲對任何事都難以感到熱忱、困難於維持親密關係……等的問題，前來接受深度心理治療時，回溯再建構所發現的人格結構的狀況。這些母親的創傷未能被她的意識化作語言，成爲隱晦的困境留了下來，揉入了母親的乳汁與關照，進入嬰兒的體內，成爲他無語的一部分，也成爲見證她身心異處的紀念碑上待銘刻的誌文。

　　說話是爲了被聽見，但是有沒有被聽見，卻不是我們可以確認的，我們只能「聽」到自己在說話，沒辦法從別人的耳朵「聽」到我們在說話；該要如何確認別人有沒有聽見呢？要深究「有沒有聽見我」重要？還是「被聽見的感覺」重要？廣義來說，我們的一舉一動對他人來說都是外在刺激，勢必會引起反應，無論是大是小，那就是最廣義的被聽見了。但是怎麼有部分的自己還是覺得不夠，需要更多的回應，就好像要求對方完完整整地聽見，並且給予自己更多未能想像的事，如同媽媽可以在嬰兒還沒學會說「我要喝奶」之前，就可以看見他肚子餓的需求？這種全然的關注，如溫尼考特在〈獨處的能力〉中描述：「……母親在初始的數天到數週，暫時認同她的嬰

兒，在這個片刻，她對於照顧她的嬰兒之外的事，一概無興趣。」成為了許多孩子身邊的人，在面對他／孩子作為客體時，從心中油然而生「必須要全然關注他、否則他會活不下去」的焦慮，而這也讓明明是要一起合作幫助孩子的機制，變成批判的平台：是誰不夠好？治療師？孩子？孩子的媽媽？孩子的爸爸？當我們說一件事情或一個人不夠好，也好像在說，我們正在接近心裡某種不自在的感受，這感受是被眼前所見的，與自己心裡的想像不一樣所帶來；面對不一樣的每個人，彼此作為彼此的客體——在驅力內攝的過程中扮演自我與潛意識的中介者——我們像在重重迷霧中充滿憂慮地企圖內攝這種感受、企圖接近彼此心中的想像，或者，語言：我們都在想辦法替嬰兒的無語說話，或者說，嬰兒的無語也是他試圖替母親心裡的無語說話。

想像這種母親的失語如失去照顧嬰兒的功能，對嬰兒來說是無比巨大的失落；面對這樣的創傷，早年的嬰兒別無他法地只能將之連同對母親的期望一併潛抑，像 Maria Torok 描述的「雖然在潛意識中，潛抑促成（與失落客體）分離的同時也小心地（將它）保存，自我的欲望只是藏在潛意識某處『精緻屍體』的再現，他不斷地找尋只為了祈求它的復生。」自我在這個虛假的欲望追尋的途中因為「無法移除潛抑因而

未能得到真正的滿足，這個長久以來的願望身陷一種絕望的困境：死亡般的棄絕或謬誤的征服；後者透過退行完成，以幻想替代真實。」（p.398）於其中，自我可以不斷尋找來感覺活著，卻也無法真正地活著。

我們可以說，這種不斷尋找的旅程，是在抑鬱的地圖上打轉，因為哀悼未能順利，驅力的某一部分便如凝結般，成為一幅與希望有關的版畫（imago，後譯作意象）。這個象徵著失落客體的意象，被置入自我中以彌補失去的愉悅，讓自我以為按圖索驥便可解脫，從此持續投注在擁有類似意象的外在客體上，成為完成內攝的阻礙。這是內噬（incorporation），立即且魔法般「發展出退行的錯覺去滿足欲望，雖然滿足，但是隨後的欲望滿足，都會伴隨這種失去的疼痛，疼痛成為被潛抑的墓碑路標」（p.401），卻不能被自我感知。佛洛依德認為，客體失落的創傷會引發自我內噬客體，認同並使其成為自我的一部分。這樣的反應，可等待自我力比多的灌注動能重新投資分配。鑑於不可能清算死者／失去的客體、宣告他們因犯了離開自己的罪而被處以死刑，哀傷者為了自己成為死者。這使未成熟的自我陷入了兩難：自我得不計代價地重複尋找客體，好在憂鬱的巨大受苦中活下來，才能有機會逐步地修通分離的影響；同時自我卻希望意象這個潛抑的守護者能移除潛抑，殊不知只要

自我持續灌注於此，這個意象就永遠不死，自我也未能眞正度過哀悼地活著。

「如果我是我，那麼誰是誰」——發現媽媽與她的誰，進入哀悼

在上一場憂鬱三部曲工作坊裡，陳瑞君心理師描述了女兒經驗到要失去母親的過程，女兒能做的「是可以保持泡澡的習慣來像媽媽、她可以像媽媽忠於媽媽。她用『像』，來抗拒與媽媽的別離及切斷。像是爲臨床素材下了註腳，而克麗絲提娃在《黑太陽、抑鬱及憂鬱症》的『如果我不接受喪失我的母親，我既無法去想像她，也無法爲她賦名』像是出路。」我們想像，會否孩子也試著像自己的母親，只是這個母親還來不及留給他豐沛的語言與情感，才像是距離遙遠的星星一般，讓人難以感受溫度；如果孩子心裡有這樣的星星，能說是母親的缺席嗎？

陳瑞君心理師引用了 Adam Phillips 在《調情》一書寫道：『唯有透過缺席所造成的空間，才有可能理解自己的想像及渴望。當一個人缺席的時候，就是我們認識她的時候』這似乎也在暗喻著失落的時候，某種一個人在心裡上隻身的時刻，透過想像，反而是與缺席的客體最爲靠近的位置，我們在心理上臨摹這

個不存在者的存在，這種在心裡上描述一個客體經驗，始得我們開始用語言一字一句的堆疊起來，即使堆疊出來的是個人的想像」。（取自陳瑞君，〈驚悚末日：是喔，那麼情慾和什麼愛有關係嗎？〉）

我們也像在替眼前的孩子想像那份缺席裡頭的故事，因為未必他心中的母親曾給予他足夠的能力，得以獨自一人消化那些被內噬的缺席的意義。Maria Torok 提到，若客體因缺席、空缺或有性誘惑地（例如客體在一開始表現得歡迎嬰兒的欲望，卻又隨即拒絕，這樣的客體通常會是阻斷自己欲望的），未能在嬰兒自我尚未成熟時，給予協助使其完成內攝，其過程便會受阻，此時固著就無可避免地會發生，將使得客體自己的衝突於嬰兒內在上演。

「失落客體造成的固著（失落某個令人滿足的片刻，並且將其像屍體搬埋藏起來）以及哀悼的疾病，仍是有所不同的。此處的失落也包括真實的客體死亡，而矛盾的是，那些因為真實的死亡而失落的客體，則會瞬間復活而成精美的屍體，在其中死者與倖存者早已一同被送往潛抑的冷峻墳墓。」或許我們感受「那裡好像還有什麼」的星星的所在，不是在物理距離遙遠的彼方，更像是潛意識中凍結的意象、冷峻墳墓的印記，在那裡，失落的客體死去的當下，被這種特殊的心理機制變造成她仍是活著的樣子，但母親

終究未能成為協助內攝的客體，而只是精美屍體的再現，因此必須無比遙遠。

「我發現，誰是淚水」

「孩子用雙臂緊緊摟住只剩下軀幹的媽媽，第一次開口說話了。

『媽媽真的好溫暖喔。』

孩子心中想要的，究竟是食物……還是媽媽的溫暖呢？沒有雙手能夠抱住孩子的媽媽，只能用無盡的淚水，溫暖地滋潤孩子的全身。」

繪本最後，孩子做了母親眼中的殭屍小孩不會做的事，他透過言說讓母親知道，自己真正需要的，是媽媽的溫暖；但溫暖與欲望是一線之隔。「哀悼的病態並非由於客體失落造成的痛苦本身，而是由於一種難以修復的犯罪感受：克服欲望的犯罪、在本該使我們在絕望中感到悲傷，這個最不適當的時候感到欲望氾濫，而感到驚訝的犯罪。」（p.391）

Karl Abraham「正常的躁狂（normal mania）」的概念，描述欲望的增加與性高潮的追尋，是對死亡的反應（經驗並且潛抑了客體死亡）。在感到悲傷時，產生了欲望，像在說明「生與死是相互交纏的」。其中一個例子像是嬰兒初生的幾週內，

母親的時間、自我因為需要全部給自我尚未成形的嬰兒所用，這樣的象徵如同故事中的媽媽完全被嬰兒吞噬。但我們也好奇她斷定孩子是殭屍的過程？雖然可能存在一種因果關係，認定是母親缺乏情感的餵養，使得孩子變成了殭屍，好像錯都在這個故意為之的照顧客體上，使得此時嬰兒若有如我們一般的抽離視角，勢必感覺到矛盾複雜的情感：享受母親全然的照顧，但同時又愧疚於她近乎失去自己、形同死亡的付出。或許可以說，那是嬰兒成長必經的歷程；但若我們談論的嬰兒不再只是生理上的嬰兒，而是生理外在已經成熟，但受各種因素使得內在世界某部分仍是嬰兒的個體——小孩的媽媽呢？她要如何在哀悼的病態中，發現這些衝突矛盾的事實、經歷這個哀悼，重新內攝那些欲望再重新長大？

「像個紀念碑，內噬的客體銘刻著未能被內攝而消失的欲望有關的地點、日期以及情境：它們從此在自我的生命裡如墓碑般佇立。」（p.404）

吞下媽媽四肢的殭屍小孩，從未好好地被媽媽了解，在他未能消化這種失落而只能內噬媽媽的同時，也內噬了她懸而未解的痛苦，他的痛苦引領我們到她的墓碑，發現那裡面還有她的痛苦——她同樣未能被人理解。然而，她無法拋下孩子，留下來把自己的身軀都給了他，雖然這樣的選擇不能說沒有母親自

己受虐與死亡的意圖，但在這個死亡裡，同時具有餵養生的決心，便是在這個死亡裡的生機，能讓孩子保有某個角落生養獨處的能力，走到我們身旁，有機會經歷溫尼考特描繪的細緻過程：「唯有獨處時，嬰兒才有可能發現他自己的個人生命；構築於外在刺激上的虛假生命是病理性異常的。獨處且只有在獨處時，嬰兒才能夠做到如成人概念中的放鬆；嬰兒可以變得未整合、不知所措、處於無定向感的狀態、可以既不需要是對外界刺激做出回應的人，也不是一個活躍地執行特定興趣或動作的個體。」在母親缺席但也在場的獨自一人裡，好好感受自己，慢慢消化內噬母親的痛苦，發現那並非自己的痛苦，因而認識自己的需求（感覺到溫暖）再透過語言說出來。

「別離」和「像」在字面上看起來，前者是分離、斷開連結，後者則是透過行為的一致來產生連結；但若將它們都視為動詞，它們變得都是與客體發生關係，這也很像嬰兒在已經分得出媽媽與自己的差別，但還不曉得什麼是「愛」之前，看待媽媽對待自己的一切；要餵他生肉也好、要離開他也好……媽媽就是媽媽，這個嬰兒生命中的第一個客體，她對自己的行為，猶如那些捨棄字義的動詞，無條件都是「愛」；透過語言他也明白，內噬的是客體而內攝的是驅力，驅力蘊含對母親的愛，足以拯救母親於心裡

失衡的死亡驅力，使她也能感受、也能流淚。

在一個空洞中，利用其中的材料編纂語詞，試著把它說得詳實；

如果空洞的無邊是有邊，會否有個出口在那裡等著發現者

——像是等待思考者的思想般？——

但是「發現」者會看見的是「出口」，還是另一個「發現」？

會不會更多的發現裡只有更多的空洞與寂寞？

那又該如何解釋發現者明明是那麼渴望，出口卻未曾出現呢？

或許哪天發現者終於停下腳步，讓問號越堆越高，像是樹一樣地向上伸枝、

或許哪天發現者爬上樹梢，望著廣袤的空洞如宇宙感到絕望了，

想拋下過去所有的「發現」——那是他智識的珍寶，

是他在這種空洞中賴以為生的氧氣與光——決心一躍而下

發現　不，感覺　自己會飛

自他的記憶還在母親的舌尖上以來，

生命就是在這個空洞裡行走，獲得力量是僥倖，
光亮是刺眼不適的

而愛是……

自他的記憶從自己的舌尖上生根之際，

封是風、束是樹、累是淚；空洞是母親心中的一
座空墳，

在那之外是母親在她母親心中的另一座空墳裡找
尋意義的空洞，

以及地平線上無際的空墳……

發現者明白，礙是愛。

References

- Maria Torok., The Illness of Mourning and the Fantasy of the Exquisite Corpse. 1968 《Reading French Psychoanalysis》
- Winnicott, D. W., The Capacity to be Alone. International Journal of Psycho-Analysis, 39:416-420. 1958
- Green, A. The Dead Mother, 《On Private Madness》, London: Hogarth Press, 1986, pp. 142-173.
- Jean-Claude Arfouilloux. 《當影子成形時－兒童分離與

憂鬱三論》林淑芬、黃世明、楊明敏譯。記憶工程
（2007）

・文／趙龍，圖／鼈山.喪屍小孩：《雖然是精神病但
沒關係》劇中繪本.2 簡郁璇譯。尖端出版（2020）

【講者簡介】

陳建佑

・精神科專科醫師
・臺灣精神分析學會會員
・精神分析取向心理治療師
・高雄市佳欣診所醫師

7 沒有淚水的分離：誰家小孩擁抱大人的理想，茫然過活？

蔡榮裕

> 所謂獨創，不是別的，就是經過深思熟慮的模仿。——村上春樹《沒有色彩的多崎作和他的巡禮之年》

今天我想說的是，當我們以爲看清楚某件事時，可能是盲目於其它的，或是當我們說了解某件人事物時，可能我們只是看見了被挑選出來的某些事實（seleted facts, Bion的用語）？另當我們覺得某些問題重複性高時，我們會覺得是看得更清楚了，但這只表示問題愈原始才會如此，高密度重複出現在日常生活裡，但其實這是表示愈困難處理的意思。

但我們會有錯覺，以爲看清楚就可以解決了，也希望個案可以如此，因此我就圍繞在這些錯覺裡，談論「青春期少年」這件事，其中的孤單和周遭人要成全他們時的困局……穿插在今天我會提及內容裡的電影《養子不教誰之過》，和小說《麥田捕手》，它們都是古董級的考古事件了。

在準備這篇文章的書寫過程，抱著好奇的心情問了一些年輕朋友們，是否聽過詹姆士迪恩（James Dean）？很可惜的是，大部人不知道他，好像他不曾存在這個世界，他是我這時代的青春期少年偶像，也是至今不少偶像型人物的始祖。我就先稍談一下他，以及後續的一些影響，雖然有些斷代了，但我很樂意介紹老古董給大家認識，也許會有不同的想法和衝擊，這也是「薩所羅蘭」佈展概念方式的特色。

1955年，很久以前的事了，詹姆士迪恩可說是電影史上，第一個青少年的偶像的誕生。雖然從今天的概念來談青少年時，電影的名稱Rebel without a cause，是「反叛不需理由」，而當時譯成有教條味的，《養子不教誰之過》。有朋友說，看見有這名字的電影就不會去看了，但是《反叛不需要理由》就會想去看看這部電影，也許這也見證了這塊土地上人們心思的變遷。這部電影也影響了台灣一位歌手王傑，他的判逆形象的建立，是在林福地導演拍了同名的連續劇《養子不教誰之過》後，王傑聲名大躁。

香港的張國榮這位巨星的誕生，也和這部電影有關係，Rebel without a cause在香港上演是譯做《阿飛正傳》，而後來香港王家衛執導另一部電影時，也叫做《阿飛正傳》時，是不同電影，英文名Days of Being Wild，於1990年上映，多位香港影壇未來的巨

星演出，包括張國榮、劉德華、張曼玉、劉嘉玲、張學友、潘迪華、梁朝偉。獲得第10屆香港電影金像獎最佳電影、最佳導演等五個大獎，張國榮因此獲得生前唯一的香港電影金像獎最佳男主角。這也是王家衛在時隔三十五年後，對Rebel without a cause的致敬吧。

這個過程也讓我想起了，在松德院區工作時，我在二十年前和一群同事合力打造創立了《又一村》青少年日間留院的往事，記憶讓我想著兒童青少年的議題，其實是值得再做下去的主題。畢竟這個領域也是精神分析最薄弱的地帶，需要更多描繪相關的經驗，才有可能從這些描繪裡萃取出更有助益的概念。這也需要有兒童做基礎，我想【薩所羅蘭】會持續開發這個領域，並且尋找更有趣更有創意的方式，表現我們的想法，也需要能夠幫助大家有更多的想法，不然這條路實在太辛苦太孤單了。

我們不知未來會是打什麼仗？如何命名這場即將開始的戰爭？也許可以說那是移情的戰爭（佛洛伊德是這麼形容移情），是人和人之間最深層的戰爭起源。這場戰爭也是孤獨和成全他人之間，最無語的爭戰，需要一些心理的人間條件做基礎，才不致於只是相互毀滅。

如陳瑞君在《活在身體軀殼裡的垂死靈魂——自

傷成癮》裡，以優美筆觸探索了這種「成全」：

「需要說明的是，當孤獨的課題如此描述時，就意味著無法享受和無法忍受孤獨的課題，是一個深遠而安靜的課題。如果是源於早年的經驗裡，無法有可靠的客體提供一個場域，讓嬰孩經驗到在重要他人的眼裡能夠享有獨處的安在，這是內心世界裡自發性的領域，當嬰孩能在與人的關係中仍能發展及享受來自於自己原始的自發性，多過於需要時時去回應外在的需要時，這樣的孤獨才有其中心思想，這並非在外在現實上能找個客體或任務導向就能取代的，或就可以免除空洞駭人的孤獨感。解決的方式需要在內心裡處理，可靠客體的逐步建構亦是需要時間的，重要他人的重要性有時並不在於汲汲營營的一定要提供什麼，我感受到最大的誠意是來自於這位重要他人，這個客體的願意『成全』，一種對嬰兒的成人之美。」

但總有殘缺和不夠成全。也許要能夠周全是超過人的能力了，或者說正是因為這些不周全，而失落殘缺甚至爭戰，成就了人性的豐富和創意。通常移情的戰爭，有著嬰孩面對的人性戰爭的殘跡，「嬰孩式的期待」（infantile wishes）和外在環境之間的戰爭，但是通常只從挫折，各式有名或莫名的挫折，才事後發現原來自己有某種期望或欲望。

這就樣一層一層的挫折，揭開一層一層的期待和

欲望，直到最原始的成分。我們假設那是「嬰孩式的期待」，這不是一般的期待，不過我模仿溫尼科特的說法，沒有嬰孩這件事，有的是嬰孩和母親。我要談的，沒有青春期這件事，有的是青春期和客體。這可以追溯到「嬰孩式的期待」，以及眼前要從周遭群體得到的關注和眼神。

最典型的疑惑之一，是如《養子不教誰之過》裡，吉姆的父親的困惑：「我試著了解發生什麼事？你要的，我都買給你了，是不是？腳踏車，買了；汽車，也買了，我們還給你很多關愛，不是嗎？到底你是怎麼搞的嘛？」不過這是來自優渥家庭的疑惑，如果是虐待的家庭會是更粗暴的反應，也會是各位現今常在臨床所經歷的困局來源。

我先介紹一下劇情。詹姆士狄恩在片中扮演，面對傳統家庭的無助男孩，表面上他的痛苦及絕望來自家庭的枷鎖，他好像擁有一切，卻痛苦著母親的咄咄逼人，至於父親常是逃避不敢起爭執，難以傾聽和信任孩子，吉姆常對著家人大吼，在外不斷出錯惹麻煩，但他的怒吼是如此無力、無助與無望，只求家人能夠信任他，傾聽支持但事總是與願違。

這是劇情，以替青少年發聲，將問題歸罪於父母，在社會學是有意義的，尤其是在那個年代，不過就心理學，尤其是深度心理學來說，這種歸因可能流

於不再思考，忽略了任何個人內在世界的影響力，一如需要如克萊因強調的，內在心理（intra-psychic）的重要性，因為如果只以上一代是世故虛偽，不傾聽小孩的話，這是制式化的論調了，這的確突顯了構成反抗的外在現實的理由。

　　如果再仔細看，有吉姆在同儕間壓力下的細微心理掙扎，反而是另一道窗口來想像，在青春期個體和群體之間的關係。這是一個重大議題，雖然大家早就知道了，青春期少年的特色之一是，傾向同輩群體裡找到仿同，也可能在家庭外的年老者裡找到認同，而以對方的意見為意見。這和小學時孩童常說，老師說什麼，比父母說什麼還要重要是有些類似，只是在青春期的仿同裡，總是搭配著和性有關的，肌肉和荷爾蒙的聲勢，以及相關行動的風險。

　　「有意思的是，前面所說的性愛，居然可以包括各種特性，神聖，高潮，猥褻，藝瀆。宗教是常常跟性愛分開兩邊遠遠的，但他們有著如此相似與如此相反的特性，你可以說好似上帝與魔鬼的關係，好似性愛之中包含著兩種不同的感受，會不會都跟洞有某種關聯嗎？ 都是填洞的東西嗎？ 有問題，用答案來把洞塞住，就不必再動了吧？ 想起了Bion曾說過的，答案本身就是問題的所在。」（劉又銘，性愛成癮的女人：在洞中嘗試強迫性逃離與擁抱自己的女人：洞裡

的世界）

　　理論上我們可以從心理學角度，大膽地說青春期身體變化和心理過程，都是為了服侍這位「國王」。佛洛伊德把它當做是夢形成的最主要動力來源，但可以從「顯夢」裡不斷的分析，而獲得那個被稱為「隱夢」的本尊，「嬰孩式的期待」是什麼 嗎？我想目前大致是放棄了這個追尋，因為實務上是難以達到這個目的，而更相信後來不斷建構和打造本尊如同一座銅像，好像它就在那裡，有著某些故事等待後來者的探詢？或者它更像是某個紀念碑？但是紀念碑本身不等於當年的事件，但所謂當年的事件又是指什麼呢？

　　我以王盈彬在《這真的和憂鬱有關係嗎？》的論點，來描繪其中的某個心理角落：

　　「……佛洛伊德主張，這種對於性的好奇和身體的體驗，是人的好奇心的重要起點，而這種好奇心的養成過程，如同這個影片裡所呈現的，是一個無法完全公開的私密世界，雖然我們仍很難完全清楚有些人後來會有不同的走向來處理這些經驗。

　　起始是一種孤獨和寂寞以及想像，不過這種孤獨並不是精神分析家溫尼科特所描繪，在有客體存在下可以孤獨的能力，何以有這種差別呢？她內心的狀態，好像是孩童，在某個階段看見東西就要親手拿進嘴巴來嘗試，那是什麼？而她是藉由身體的刺激，來

認識這個世界和自己，她對自己是如此陌生，好像自己是迷失在自己的土地上，也像是捉迷藏時藏得太好的自己，在別人都走掉後一直需要找尋刺激來發現自己，把自己找出來給別人看，但是別人卻都是無法看見期待別人要看見的。」

青少年身體的佈展，是人類存在的最大謎題，美感，在意自己的身體和臉，或者可以說為了塑造吸引力，做為尋找客體，並得以滿足欲望而出現的，在意自己身體的變化，而且不只是滿足於生理的結果，會要展現被稱為有風格的身體雕塑。

我主張這些佈展的主要推動力，是來自佛洛伊德說的「嬰孩式的期待」（infantile wishes）。但這種期待是什麼呢？和成人式的期待有什麼差別嗎？佛洛伊德在夢的形成裡給了它最重要的地位，也給了它最大的人性權力，它可以隨意採取任何訊息的片斷，來主張和展現自己。這種人性上最大的權力，是佛洛伊德憑空創造出來的期待嗎？依佛洛伊德的主張，「嬰孩期的期待」不是全然附屬於我們覺得的那個自己。

我覺得「嬰孩式的期待」就是一個主體，有著自主性，而且它有種如同一棵花樹，被賦與有開花的動力，因此說它是動力也可以，但它好像也是如同我們想像的，成人裡的小孩，或者從精神分析來說，是個「精神分析式的嬰孩」（psychoanalytic babies），

不是一般想像的肉體嬰孩，而是在這個肉體的嬰孩裡，有個精神分析式的嬰孩，它是主宰者，另它是否等同於溫尼科特所說的「真我」，一團活生生的能量？如果被防衛過度保護而缺少它，就會變得無法覺得有生命感（be alive）。

到了青春期，它會以奇特方式展現自己，「別把我當小孩子看。」，這是個千古奇案般，到底青少年心中的小孩子是什麼呢？何以過了安靜的「潛伏期」後，會如此厭惡被當做小孩子呢？內心是風暴中吧，會掃向何方呢？在小說《麥田捕手》裡，霍爾頓喜歡點酒，只因為他還不到可以喝酒的年紀，但他愛質問服務生：難道我看起來是不能喝酒的年紀？是不是，其實很顯明，但需要一些假裝，這種假裝是個重要的過程吧。或者這不是假裝，而是真實無比的感受，如那是溫尼科特所描繪的「錯覺」（illusion），是錯覺卻是真實無比的感受，只是被當做是假裝，使得青少年和成人之間的隔閡就變得更大了。

所以對我們來說，困難之一是如何一起來觀察和想像，這個「嬰孩式的期待」是什麼樣貌？它會以什麼方式在什麼地方出現？只出現在夜夢裡嗎？或者如比昂所說，「醒著的夢思」（waking dream thought）也會出現在白天的日常生活裡，只是我們不希望我們的做為是受它的影響。因為我們有個自

己，後來喜歡我們的主張，都是有著清醒意識下，依「現實原則」而做出的判斷和行動，但是我們果真都是如此？或者那種醒著做夢的情況是存在，而這是否能夠讓我們用來，做為了解青春期少年的一個角度？

對於青春期少年的外顯行動時的內在狀態，我以陳建佑在《Melancholia怎麼會翻譯成「驚悚末日」？》的觀點，做為想像的一個角度：

「外在事件可以勾起某種驚恐的感受，但是驚恐的對象仍埋伏在內心深處，像在電影裡即使被人們取名為『憂鬱』的星球，它帶來的許多感受仍無可名之；是不是這些無以名之的秘密與未曾現身的對象使得憂鬱是驚悚的？是否看見他們就不害怕了？

溫尼考特在《Primitive Emotional Development》中描述的『……若嬰兒要能享樂，勢必要受以下的苦：原初愛的客體在被愛的同時，無法不被恨。』單只是被愛不會是痛苦的、而單只是被恨也非最痛苦的，最痛苦的應是現實中，無法完美地被愛 — 也就是愛的同時也會有恨意的狀態 — 這般的遺憾；這是普世愛的難題，或者僅是嬰兒式的性特質（infantile sexuality）？溫尼考特在談論這個愛與恨時，將焦點聚集在客體身上而不是嬰兒身上，像在說明此時嬰兒仍然未能感受自己的個體性存在，因此得透過他者，在如此矛盾的痛苦中想像嬰兒的痛

苦⋯⋯」

這個「嬰孩式的期待」也受到監督者〔未來的「自我理想者」（ego-ideal），以及更後來的「超我」（super-ego）〕的節制，佛洛伊德對於分析師的最大的訓誨，其實不是後來追隨者逐漸建構出來明確化的概念，如中立的態度和分析的態度，他反而有明確談的是，在《論幽默》裡的提到的「幽默的態度」，明說那是父母親職的重要能力，藉由幽默的態度而發揮出親職能力。

佛洛伊德強調幽默的態度，不是說笑話的能力，因為說笑話是為了攻擊的目的，透過自我的層層修飾而說出來的話。但幽默是種態度，是超我的能力發揮，他是強調分析師要節制，尤其是對於要痊癒個案的欲望最需要節制。不過他也是很審慎的，因為要的是節制，而不是完全缺乏欲望，不然那可能就會如葛林所談的《死亡母親》般的死寂了。

到了青春期，有些是在私密空間裡執行的活動，但是更多外顯公開活動，這些充滿刺激興奮的活動，大都是需要群體，有著一群人的相互壯聲勢，從個人私密的情境展現欲望的滿足，到需要有其他客體的見證。

從「原初場景」（primal scene）來說，這是一個倒轉在原初場景裡，是父母之間的私密活動，只

是想像是被嬰孩看見了，對嬰孩來說是難以理解的場景，不知那兩個人在幹什麼，雖然理論上，假設嬰孩也有著自己的私密想法，依著當時的能力而建構出來想像，但是到了青春期，除了仍保有某些私密活動外，相對於先前的人生階段，的確有著不同的傾向。

關於「原初場景」，溫尼科特曾有所著墨，引用王明智的說法：

「Winnicott在談到原初場景時如此寫道：『可以說，一個人獨處的能力取決於處理原初場景引發感覺的能力。在原初場景中，父母間的興奮關係是可以被感知或想像的，健康的孩子能夠接受，並有能力掌握此種恨意，將其收納到手淫中。在手淫時，有意識與無意識的幻想由孩子這個個體概括承受，他是三人或三角關係中的第三者。在這種情況下能獨處，意味著情慾發展成熟，具有生殖力或相應的女性接受；意味著攻擊和情慾衝動與意念的融合，也意味著對於矛盾的容忍。綜合上述，個體就能自然而然地認同父母。』」

Winnicott的提醒我們對於原初場景的幻想透過手淫得到釋放對於學習獨處之重要，不禁讓人聯想到A片之於手淫的關係，透過觀影，我們一遍又一遍地把自己帶回原初場景，觀看旁人之性愛，被阻隔在銀幕之外，除了滿足偷窺的需求之外，那種隱含的排除

感，如何可以成為愉悅？無論是影片的挑選，私密空間的安排，還有其間狂野的幻想與獨享的放浪形骸，或許可以讓自己在潛意識中滿足於嬰兒對父母雙方的操控、攻擊、色慾與認同；也算某種獨處能力之養成。」（王明智，憂鬱三部曲之一：誰的憂鬱周旋在情與慾裡浮沈？）

不過到了青春期，一般來說是更傾向群體的仿同。對於這個大家司空見慣的現象，意味著什麼內在心理的投射呢？在群體裡的個人，是安於溫尼科特所說的，具有獨處能力？或者很不安且需要某群體的人見證他的存在，這種期待是來自什麼呢？和前述的「嬰孩式的期待」有什麼關係嗎？

《養子不教誰之過》電影裡，那場天文館中的校外教學相當精彩且意味深長，當吉姆在天文臺上課時，講解員描繪在宇宙人類是多麼渺小孤獨的場景，好像映照著吉姆內心的迷惘、疏離且無助，天文館放映的科教片展現著強烈象徵，似乎想要招攬最後的悲劇的上場。面對宇宙的無窮盡，如同面對著內心世界難以言說的無窮盡，人類變得渺小甚至微不足道，「人類，孤獨存在，只不過小小插曲。」在星空下的孤單感，也許對照著站在巨大社會前，青少年只會感到無垠的孤獨，覺得自己被漠視孤立、感到無窮無盡的無助。

「那一刻,他終於接受了這一切。多崎作靈魂最底層的部分理解了。不單單是人心和人心之間協調的系在了一起,而是通過傷口和傷口更緊密的連接在了一起。是用傷痛和傷痛、脆弱和脆弱維繫著的。不是缺失了悲痛尖叫的平靜,不是無需血淌地面的寬恕,不是不必經歷痛苦喪失的接納。那是真正的協調之下所根植的東西。」(村上春樹《沒有色彩的多崎作和他的巡禮之年》)

由於有了身體變化做生物學的基礎,如荷爾蒙的變化,肌肉型態的變化等外在人間條件,讓原本以幻想型式存在的經驗,開始上演了逼真的戲碼,有了外在環境的人間條件的助陣,讓原本的「嬰孩式的期待」有發揮能力的餘地。

這是需要一個過程來消化,這些欲望和期待如吳念儒在《撒旦的情與慾:好吧,讓我們一起來認識情和慾!》裡的描述:

「見山是山、見山不是山、見山又是山」,可以說是性、情慾和失落的另一種描述的方式,在我心裡,甚至可以說是今天的憂鬱三部曲工作坊(也包括十月份癮工作坊)的脊椎。再說清楚一點,電影直接衝進感官的,是性、情慾,甚至暴力,但仔細穿透這些檯面上的感官興奮掀開(或剝或撥或扒),原來背後隱含著關於失落的事情,愛的失落、生命的失落、

情慾身體的失落⋯⋯。然而，再繼續追溯回看，精神分析的經典，關於性、慾望、驅力、本能的這些議題，又回到了性的議題的本身，於是，見山就又是山了。」

我想到《麥田捕手》裡著名的段落：

「無論如何，我總會想像，有那麼一群小孩子在一大片麥田裡玩遊戲。成千上萬的小孩子，附近沒有一個人——沒有一個大人，我是說——除了我。我呢，就站在那混帳懸崖邊。我的職務是在那裡守備，要是有那個孩子往懸崖邊跑來，我就把他捉住——我是說孩子們都在狂奔，也不知道自己是在往那裡跑，我得從什麼地方出來，把他們捉住。我從早到晚就做這件事。我只想當個麥田捕手。我知道這有點異想天開，但我真正想做的就是這個。我知道這不像話。」（麥田出版）

以《養子不教誰之過》的時代背景做為展場來說，二次戰後的美國，經歷過大破壞後，時代的典範因傳統文化和新社會結構間的必然落差，如同大戰期間死亡和失落的震撼，所帶來如同地震的餘震般，衍生了個人和社會的緊張，也呈現在文化上的迷茫，想要顛覆著傳統的工作、節欲的人生態度，享樂主義在中間找到了出路。如同多年來的欲望，有了青春的加盟後，能夠駕馭身體肌肉，廣義來說，可以做到的事

情大致和性與暴力有關。

在年紀小時的性，只能摸摸自己的愉快，肌肉還舉不起太重的東西，現在變得隨手一揮，就可以把傳統打得七零八落。雖然所謂的傳統，可能很快的再度集結整合起來。電影裡吉姆與幫派老大巴茲進行膽小鬼賽車前，吉姆問他為什麼要做，他說「我們總得做點什麼。」青少年在迷惘和失落裡，靠著新發現的力氣要做些什麼，雖然在力道上可能仍不熟悉，或者忽視了自己的斤兩有多重，可能同時還停在自己對自己的認識，而可能過頭地佈展身體和意志的遊戲，重要的是，當旁邊開始有一群會鼓噪吶喊的人，就青春期的展場來說，是需要有一群人圍繞著看有什麼好戲要上場。

在這個階段，有著個體主義要尋找場域發揮，以新的靈感來實踐多年來默默存在的欲望，或者是某種心理在尋找場域來佈展自己，因此也有著好像是新誕生新鮮的群體感。這時候的群體感，具有和國家群體相抵觸的群體，常是更具有吸引力，一般來說，是以反權威來說明這種現象。不過，我倒覺得不要這麼快下這個簡化式的結論，這裡頭的心理因子很有趣，值得更多探索。我相信這種吸引力，和前述的「嬰孩式期待」，以及和原初場景有些關聯。如果只專注在自己的情況，稱之為自戀，但是我們可以輕易發現，只

以自戀來說明青春期的展現，並無法讓人有更多的了解。

因為有著外展給他人看，讓他人一同見證的意味，但因為常難以說清楚這些複雜隱晦的現象，畢竟這就好像從山頭流下來的幾條河，流匯進一條大河時的景況。不過外顯上，青春期有著個體和群體的特性，就潛在心理來說，如果以比昂「自戀」和「社會戀」來比喻，是另一個思索的方向。比昂強調，不會只有自戀，它是和社會戀共存，社會戀是比昂創造出來的字眼，對比於自戀，他形容兩者的關係是如兩匹馬，前後拉著同一輛馬車往前走，能夠往前，勢必是很多力量的拉扯，平衡後呈現出來的方向。

因此看見人們走著某個方向，但內在心理是兩者（甚至是更多因子）相互制衡的結果，他更把這個比喻和生之本能與死亡本能相關聯，他表示如果生的本能支援自戀更多時，死亡本能就會趨向社會戀；反之如果生之本能支援社會戀較多時，死亡本能就會集結在自戀。簡化的說法是，在內在心理世界，自戀和社會戀是兩種對抗的機制，兩者是相互動態式的消長。

其中的複雜心情也許如村上春樹的描繪，「在時隔許久之後，作強烈的感受到這一點。也許這是有生以來第一次。當然並非每件事都很美妙，同時還會感到痛心，感到窒息，會有恐懼，會有陰鬱的倒退，

然而就連這種痛楚，如今都成了令人眷戀的可貴的部分。他不願失去這種心情。一旦失去，或許再也不能遇到這樣的溫情了。失去它，還不如索性失去自己。」（村上春樹，《沒有色彩的多崎作和他的巡禮之年》）

也許需要再從溫尼科特提及的做為出發，人需要錯覺（illusion）而活下去的概念，這個概念佛洛伊德在《論幽默》裡也提到，主張那是雙親的親職功能的重要部分，要能夠提供某種錯覺，讓嬰孩不致於太早被現實淹沒，而難以存活下去。佛洛伊德甚至主張，那是「超我」的功能之一，不過是否屬於超我的工作，對一般人來說可能不是重要的事。

如果要初步解釋，何以在面對青春期少年，那些怎麼談都難以說清楚，卻真實且具體地需要有出路的情緒，這是值得再細想的課題。當父母的「超我」是有兩種功能，一是傳遞嚴厲的想法，如傳統的期待，這常招來青春期少年的反彈，就算是以善意的方式出發。另一功能是前述的，擁有創造錯覺的能力，讓嬰孩不是過早被現實淹沒，這需要幽默的態度做基礎，這和說笑話是不同的，笑話是巧妙的表達攻擊，而幽默是種態度具有創造的功能。

如果想著精神分析的概念和經驗，可以在被一般人了解後，並可以嘗試使用它，做為日常生活的一部

分，尤其是在面對青春期的少年時，我想著如果盡力說明，分析的態度、中立的態度以及幽默的態度，做為我們的基礎態度時，聽者能夠在一場演講裡了解多少呢？或者從反面來說，是否其實感覺到了或實踐著相反的態度，卻仍以為自己是處在分析的態度和中立的態度？

首先，要真的做到這種態度是需要長期訓練，而且很容易走錯路，以為自己是在那種態度裡，但實情卻是遙遠或疏離的態度，這不是不一樣的態度嗎，怎麼可能會搞混呢？不過實情上，在臨床經驗裡，處於和個案在高度緊張壓力下，是容易搞混的，我甚至主張，治療師最好是相信而且是深信，自己是會搞混的，這樣的態度才能讓我們保持著自覺，不是相信自己藝高膽大很厲害，可以輕易的做到這些可能需要一輩子來學習的態度。

因此關於分析的態度和中立的態度，如果曾經歷早年失落創傷的個案，覺得我們像是「死亡母親」般，依照葛林在《死亡母親》的案例裡說明的，如果個案把分析師當做只是如死去的人，那麼他們是不可能在心理上有成長。也許這麼說是有些極端，但是也值得思索，他這麼說的可能性，因為臨床上會激來死木槁灰，或者是被反擊，讓我們無法就將無動於衷或冷漠，等同於分析的態度或中立的態度。

那麼，我們就要更積極主動嗎？也許是如此，只能說比原本關係裡的被動，再主動些，但是要多少份量的主動呢？我相信這是難題，需要更多對這些處境有更見質地的描繪，讓我們可以在量上稱斤論兩。希望我們在未來的工作裡，可以一步一步地開展這些可能性，跟大家一起來思索這個重要命題。

結語

　　值得注意溫尼科特所描述的情境，「如此，學生分析師有時會比他自己幾年後懂更多時做得更好。有了幾個病人以後，他開始厭煩自己走得和病人一樣慢，於是他開始做一些詮釋，不是基於某天由病人提供的材料，而是基於他自己累積的知識或他當時堅持的一組特定想法。這對病人而言是沒用的。分析師可能看起來很聰明，病人可能表達崇拜，但最後正確的詮釋是個創傷，而病人得要拒絕，因為這不是他的。他抱怨分析師試圖要催眠他，也就是說，分析師在招引一個嚴重的退行到依賴，把病人拉回和分析師的融合裡。」（1960, The Theory of the Parent-Infant Relationship，周仁宇譯。）

　　今天我們想做的只是這件事的開端，也許我們需要抱歉，無法讓各位有即時的收穫，可以出了這裡

就功力大增，就可以接得住《麥田補手》的欲望和想像。但我們需要讓自己可以走得下去，而要走下去想像和創意是更重要的，遠比答案還要重要。雖然這句話是老生常談，像是飄在風中的話，祝福大家，也歡迎大家，對我們未來想做的抱持著興趣，也許是錯覺一場，但我們努力地想著，如何地走下去，以心理學為名。（完）

【講者簡介】

蔡榮裕

- 精神科專科醫師
- 前松德院區精神科專科主治醫師
- 臺灣精神分析學會名譽理事長
- 臺灣醫療人類學學會會員
- 高雄醫學大學阿米巴詩社社員
- 松德院區《思想起心理治療中心》心理治療資深督導

【薩所羅蘭】精神分析的人間條件二

2021.01.24，09:00-17:00《兒童青少年心理工作坊》

【主題】掉在地上的一滴淚水，

留下了誰的陰影、腳印和茫然？

【時間】2021.01.24周日0800-1700

【地點】台北市復興南路二段35號2樓之一

（臺灣精神分析學會講堂）

【主辦單位】薩所羅蘭

・・・・・・・・【工作坊日程】・・・・・・・・

· 0800-0850報到

· 0850-0900簡介活動（蔡榮裕）

· 0900-1000不想vs不能長大：彼得潘吞下多少淚水，
  灌溉假我的影子成形（陳瑞君諮商心理師）

· 1000-1100說不完的心聲：傷心的孩子，手心裡在唱
  歌（吳念儒臨床心理師）

· 1100-1200請本尊站出來喔：聽我說話的你，是誰的
  分身？（王盈彬醫師）

        （上午場主持人：蔡榮裕醫師）

・・・・・・・・・・・・・・・・・・・・・・・・

· 1300-1400抱著電視長大的孩子：青春死寂中，動漫吶喊生命的惆悵（魏與晟諮商心理師）

· 1400-1500迷路時記得呼喚我：徬徨在成人與小孩，或男性與女性之間的路口（王明智諮商心理師）

· 1500-1600影子揮手說再見：誰來告訴我，淚水是我還是誰？（陳建佑醫師）

· 1600-1700沒有淚水的分離：誰家小孩擁抱大人的理想，茫然過活？（蔡榮裕醫師）

（下午場主持人：王盈彬醫師）

· · · · · · · · · · · · · · · · ·

【薩所羅蘭】策展，歡迎您的好奇心！

【薩所羅蘭】回到佛洛伊德，更嘗試活化後來的精神分析理論。

【薩所羅蘭】豐富的人性，尋找更多潛藏術語來了解。

【薩所羅蘭】如佛洛伊德，和文學、藝術、醫學和神話等文本對話。

【薩所羅蘭】加進了電影、動漫、日常生話和網路等元素做文本。

【薩所羅蘭】無意訓練嚴謹定義的精神分析取向的治療師。

【薩所羅蘭】無意改變您原本熟悉的專業職人治療模

式。

【薩所羅蘭】無意只是替文本下診斷，在意激發更多想像和美學。

【薩所羅蘭】強調恰恰好的創意，讓自由有餘地想像更多可能性。

【薩所羅蘭】走向文字、影像和podcast的自媒體。

如果您有更精進往治療師訓練的想法，成人的相關訓練，請參考【臺灣精神分析學會】和【思想起心理治療中心】的相關訓練。兒童青少年精神分析取向訓練，請參考發展中的【臺灣兒童青少年心理治療學會】，或林玉華與樊雪梅在台北的「兒童精神分析取向心理治療理論與實務」訓練方案。

· · · · · · · · 【報名與費用】· · · · · · · ·

1. 臺灣精神分析學會會員免費（限額十名，請事先報名，免費額滿後請報名自費）

2. 學生：1200元（2020.12.31前，早鳥700元）（被採用的提供文案者是500元）

3. 其他：1700元（2020.12.31前，早鳥1200元）

座位有限，請把握機會。

臺灣精神分析學會會員（限額10名）報名表單：
https://forms.gle/9647Z4B1djTQBKf86
一般報名表單：
https://forms.gle/4Kg7kRqp73bPurA57
候補報名表單：
https://forms.gle/ASzivEpeRrvXz2Ha7

‧‧‧‧‧‧‧‧‧【繳費方式】‧‧‧‧‧‧‧‧‧
請您事先上網報名並留下相關資料，我們將為您保留
座位，然後再於當日上午八點起，於現場以現金繳費
並領取入場門票。請務必自備妥剛好的費用，也請盡
早來。
【薩所羅蘭】採取信任報名者的方式，並將在工作坊
的活動前一周，我們會以email提醒您，如因故欲取
消出席，請以此回覆，或自行回覆至【薩所羅蘭】的
電子信箱 freudbionwinnicott@gmail.com，期待
大家的協助合作。現場見，歡迎您。
事先報名如果額滿後，煩請自行到「候補報名表單」
填寫，謝謝您。

‧‧‧‧‧‧‧‧‧‧【說明】‧‧‧‧‧‧‧‧‧
當兒童或青少年做著不可思議或難以理解的事情，一
般常是期待從小孩的口中挖出說法，來讓我們可以在

理論裡找到定位，並決定如何幫助的方向。

但我們假設，您做為大人，如果有更多的想像空間，推論那些意在言外的行為，做為了解的起步。那麼，改變的種子也在其中。

我們嘗試引用文學、電影、動漫和精神分析概念，搭配第一線工作者遭遇的事例，做為我們的文本，一起來尋找創意。

・・・・・・・【海報設計】魏與晟・・・・・・

・・・・・・・・・【注意事項】・・・・・・・

1. 防疫因應：因應新冠肺炎疫情，本課程原則上照常進行，提醒學員應落實手部衛生，務必戴上口罩，進場前需量體溫、雙手噴酒精，若額溫超過37.5度者請回家休息。

2. 學生身分報名者請於開課當日報到時出示有效學生證，以便順利入場。

3. 洽詢：【薩所羅蘭】freudbionwinnicott@gmail.com

薩所羅蘭團隊

【薩所羅蘭的山】

陳瑞君、王明智、許薰月、劉玉文、魏與晟、陳建佑、
劉又銘、謝朝唐、王盈彬、黃守宏、蔡榮裕

【薩所羅蘭的風】（年輕協力者）

李宛蓁、魏家璇、白芮瑜、蔡宛濃、曾薏宸、彭明雅、
張博健、劉士銘、王慈襄

【薩所羅蘭的山】

陳瑞君

> 諮商心理師
> 《過渡空間》心理諮商所所長
> 臺灣精神分析學會會員
> 臺灣醫療人類學學會會員
> 臺灣精神分析學會推薦精神分析取向心理治療師
> 松德院區《思想起心理治療中心》心理治療督導
> 國立臺灣師範大學教育心理與諮商所博士班研究生
> 聯絡方式：intranspace@gmail.com

王明智

諮商心理師

臺灣精神分析學會會員

《小隱》心理諮商所所長

臺灣精神分析學會推薦精神分析取向心理治療師

松德院區《思想起心理治療中心》心理治療督導

許薰月

諮商心理師

巴黎七大精神分析與心理病理學博士候選人

劉玉文

諮商心理師

看見心理諮商所 治療師

企業／學校／社福機構 特約心理師及身心健康講

座、藝療淨化工作坊 講師

臺灣精神分析學會會員

聯絡方式：backtolove99@gmail.com

魏與晟

臺北市聯合醫院松德院區諮商心理師

臺灣精神分析學會會員

松德院區諮商心理實習計畫主持

國立臺北教育大學心理與諮商研究所碩士

謝朝唐

精神科專科醫師

中山大學哲學碩士

巴黎七大精神分析與心理病理學博士候選人

劉又銘

精神科專科醫師

台中佑芯身心診所負責人

臺灣精神分析學會推薦精神分析取向心理治療師

聯絡方式：alancecil.tw@yahoo.com.tw

陳建佑

精神科專科醫師

臺灣精神分析學會會員

精神分析取向心理治療師

高雄市佳欣診所醫師

聯絡方式：psytjyc135@gmail.com

王盈彬

精神科專科醫師

精神分析取向心理治療師

臺灣精神醫學會會員

臺灣精神分析學會會員

英國倫敦大學學院理論精神分析碩士

王盈彬精神科診所暨精神分析工作室主持人

聯絡方式：https://www.drwang.com.tw/

黃守宏

臺北醫學大學附設醫院精神科暨睡眠中心主治醫師

臺北醫學大學醫學系專任講師

臺北醫學大學學生事務處學生輔導中心主任

臺灣精神分析學會會員

臺灣精神分析學會台北春秋季班講師

松德院區《思想起心理治療中心》心理治療督導

美國匹茲堡大學精神研究中心訪問學者

蔡榮裕

精神科專科醫師

前松德院區精神科專科主治醫師

臺灣精神分析學會名譽理事長

臺灣醫療人類學學會會員

高雄醫學大學阿米巴詩社社員

松德院區《思想起心理治療中心》心理治療資深督導

聯絡方式：roytsai49@gmail.com

國家圖書館出版品預行編目資料

淚水裡的陰影、腳印、茫然與恐怖：薩所羅蘭
眼中的兒童青少年本尊與分身／陳瑞君,吳念儒,
王盈彬,魏與晟,王明智,陳建佑,蔡榮裕 合著. --
初版.--臺北市：薩所羅蘭分析顧問有限公司,
2022.5
面； 公分.──【薩所羅蘭】精神分析的人間
條件03
ISBN 978-626-95788-0-1（平裝）
1.CST: 精神分析 2.CST: 兒童精神醫學 3.CST: 青
少年精神醫學
175.7   111001750

【薩所羅蘭】精神分析的人間條件03

淚水裡的陰影、腳印、茫然與恐怖：
薩所羅蘭眼中的兒童青少年本尊與分身

作　　者　陳瑞君、吳念儒、王盈彬、魏與晟、王明智、陳建佑、蔡榮裕
校　　對　蔡榮裕
發 行 人　陳瑞君
出版發行　薩所羅蘭分析顧問有限公司
　　　　　10664臺北市大安區和平東路二段201號4樓之3
　　　　　電話：0928-170048
設計編印　白象文化事業有限公司
　　　　　專案主編：陳逸儒　經紀人：徐錦淳
經銷代理　白象文化事業有限公司
　　　　　412台中市大里區科技路1號8樓之2（台中軟體園區）
　　　　　出版專線：（04）2496-5995　傳真：（04）2496-9901
　　　　　401台中市東區和平街228巷44號（經銷部）
　　　　　購書專線：（04）2220-8589　傳真：（04）2220-8505
印　　刷　百通科技股份有限公司
初版一刷　2022年5月
初版二刷　2022年6月
定　　價　280元